アジアの煮込み
ワタナベ マキ

Contents

＊本書の決まりごと

・各国料理に国名や国旗を付記しました。アジア各国で食されている煮込み料理は著者が代表的だと思う国を選んでいます。現地の料理名で紹介しているメニューも、作りやすい材料で著者がアレンジしています。
・小さじ1は5ml、大さじ1は15ml、1カップは200ml、米1合は180mlです。
・しょうが1かけ、にんにく1片とは、親指の先くらいの大きさを目安にしています。しょうがの薄切りは風味をよくするため皮ごと使用しています。

・オリーブオイルはエキストラ・バージン・オリーブオイルを使用しています。
・だし汁は特に表記のない限り、昆布と削り節でとったものを使用しています。
・砂糖は精製されていない、てん菜糖を使用しています。
・紹興酒を酒とみりんで代用する場合は、1：1の割合で合わせます。
・よく使う市販の調味料については P6 で紹介しています。
・コンロの火加減や加熱時間は目安です。様子を見て適宜調節してください。

はじめに

アジアのごはんシリーズも4冊目になりました。今回は『アジアの煮込み』。煮込みといっても、しっかり時間をかけて煮込むものから、さっと煮るものなどいろいろな料理があります。軽い煮込みはすぐに作れて日々のごはんに、長い時間煮込むものは達成感があり、ごちそうな気分。誰もが好きな料理ですよね。

今回、アジアの煮込みをいろいろ研究し、探してみると、実は同じ食材を使ったなじみのある料理が多々あることがわかりました。たとえば、日本の肉じゃがのようなものは、お隣の韓国にもベトナムにもあります。スペアリブの煮込みはシンガポール、タイ、韓国などでポピュラーです。ただ、それぞれの国の特徴的な味があり、作り方や食べ方などもさまざまです。本書でご紹介するアジアの煮込みは、より現地の味に近づけたレシピにしましたが、その国の特徴を出すために、少しスパイス感や辛みを強めにしています。

手順はとても簡単。なじみのある食材でも味つけや作り方が違うとこんなに広がりがあるのだな、アジアの煮込みは面白いなと感じていただけたらうれしく思います。ご家庭のいつもの煮込みとともに、少し新しい味を楽しんでいただけますように。

ワタナベマキ

煮込みをおいしくするコツ

1 材料の大きさをそろえる

野菜や肉、魚介などの材料は、均一に火が通るように、できるだけ大きさをそろえて切りましょう。また、肉と野菜を一緒に煮込む料理は、基本的には先に肉を煮てから野菜を加えて、火の通りにムラがないよう仕上げます。

2 肉はしっかり下処理する

肉の煮込みは、煮る前に炒めたり表面を焼きつけたりして臭みをとります。かたまり肉は、こうすることで旨みを閉じ込めることも。また、かたまり肉や骨つき肉は、焼く前に下ゆですると、よりすっきりとした味に仕上がります。

3 スパイスやハーブを活用する

アジアの煮込みの味の決め手になるのはスパイスやハーブ。シナモンやレモングラスなど特有の風味がある材料と一緒に煮込むと、一気にアジアンテイストに。仕上げにフレッシュハーブを加えたり、スパイスをふるのもいいですね。

4 アクをとって煮込む

肉や魚介、野菜などの食材は、煮ていると泡状のアクが出てきます。このアクが嫌な苦みやえぐみになるので、しっかり取り除きましょう。かたまり肉や骨つき肉は、煮込む前に一度ゆでてこぼすとアクが出にくくなります。

アジアの煮込みによく使う調味料と食材

タイやベトナムの魚醤に中国や台湾の黒酢、インドのスパイスや韓国の唐辛子など、
本書のレシピで使用しているアジア各国の調味料や食材をご紹介します。

東南アジアの調味料

写真左はベトナムのニョクマム。中央はタイのナンプラー。どちらも魚を塩漬けして発酵させた魚醤で、東南アジアの料理に欠かせない調味料。独特の風味があり、日本の「しょっつる」のような味わい。右のココナッツミルクは、ココヤシの果肉を削り、水を加えて搾ったもの。ほんのり甘く、煮込み料理やスイーツなどによく使われる。

中国・台湾の調味料

写真左端は、もち米を主原料とする紹興酒。甘みや苦みなど複雑な味わいのあるお酒で、料理に特有の風味やコクを加えてくれる。右隣はまろやかな酸味と芳醇な香りがあり、中国の黒酢といわれる香醋。中央はかきを主原料とする濃厚な調味料・オイスターソース。右隣は料理に香ばしい風味を加えてくれるごま油。右端は台湾のおいしい香醋。

スパイス各種

写真右奥は、複数のスパイスをミックスさせたカレー粉。手前左端は、ほのかな苦みと強い香りのあるクミンパウダー。本書ではクミンシードも使用している。右隣は唐辛子の粉末に他のスパイスを加えたチリパウダー。その隣は鮮やかな黄色が特徴的なターメリックパウダー。右端は風味づけによく使われる、混合スパイスのガラムマサラ。

辛みを加えるもの

左上は韓国産の赤唐辛子を乾燥させて粗くひいた粗びき赤唐辛子。隣は品種名の「鷹の爪」とも呼ばれる乾燥させた赤唐辛子。種をとってそのまま使ったり、小口切りにして使用する。右奥は辛さの中に甘みのある韓国の唐辛子みそ・コチュジャン。左下はフレッシュな辛さの生の赤唐辛子で、隣は熟す前のさわやかな辛さを持つ青唐辛子。

Part 1
肉の煮込み
MEAT

日本でも人気の台湾の魯肉飯や、韓国のタッカンマリ、ベトナムのボーコー、マレーシアの肉骨茶など、アジア各国の代表的な肉の煮込みを楽しめます。時間をかけてコトコト煮込むものから軽く炒め煮するものまで、ご飯やパンのおかずにぴったりの15品です。

三杯鶏
サン　ペイ　ジー

手軽にできてコクのある、ご飯によく合う煮込み。
バジルとの意外な組み合わせが新鮮です。
副菜には「チンゲン菜とパプリカの黒酢あえ」のような
彩りのきれいな一品がおすすめ！

食材note

バジル
三杯鶏に欠かせないハーブ。
本場では「九層塔」という台
湾バジルを使うが、ここで
はスイートバジルを使用。

材料（2～3人分）

鶏もも肉　1枚（250g）

玉ねぎ　1/2個

バジル　適量

しょうが（皮つきの薄切り）　1かけ分

A　┌ 黒酢　大さじ2
　　│ 紹興酒（または酒＋みりん）　大さじ2
　　└ しょうゆ　大さじ2

ごま油　小さじ2

塩　少々

作り方

1. 鶏肉は4cm大に切る。玉ねぎは4等分のくし形切りにする。

2. フライパンに1としょうが、合わせたAを入れて中火にかける（a）。煮立ったらアクをとり、ふたをして弱火で約8分煮る。

3. 中火に戻して軽く汁けをとばし、ごま油と塩を加えてなじませる（b）。火を止め、手でちぎったバジルを加え、さっと混ぜる。

4. 器に盛り、「チンゲン菜とパプリカの黒酢あえ」を添える。

チンゲン菜とパプリカの黒酢あえ

材料と作り方（作りやすい分量）

1. チンゲン菜2株は縦半分に切る。パプリカ（赤）1/2個は縦に細切りにする。

2. 沸騰した湯に塩少々を入れ、チンゲン菜とパプリカを加えて約1分ゆで、ざるに上げて水けを絞る。

3. ボウルに入れ、しょうが（せん切り）1かけ分、黒酢・しょうゆ・ごま油各小さじ2を加えてあえる。

4. 器に盛り、白いりごま少々をふる。

a

b

Memo
三杯鶏は台湾の家庭料理です。中国の江西省で生まれた料理で、しょうゆ、酒、ごま油を1杯ずつ使うことが料理名の由来といわれています。ここでは、しょうゆと紹興酒に黒酢を加えたたれで鶏肉を煮たあと、ごま油をなじませて、さっぱりと仕上げました。副菜も黒酢をきかせたあえ物がよく合います。

台湾風豚の角煮

コトコト煮込んでいると辺りに八角の香りが漂って
たちまち台湾旅気分になれる一品です。
ひと晩おいて豚バラ肉の余分な脂を抜くひと手間で、
脂身特有の甘みを味わえます。

食材note

八角

「スターアニス」とも呼ばれるスパイスで、「トウシキミ」という木の果実を乾燥させて作られる。エキゾチックな香りが特徴的。

材料（3〜4人分）

豚バラかたまり肉　400g×2本
長ねぎ（青い部分）　1本分
しょうが（皮つきの薄切り）　1かけ分

A
┌ 八角　2個
│ にんにく（たたいてつぶす）　1片分
│ 黒砂糖　大さじ1
│ 紹興酒（または酒＋みりん）　1/2カップ
└ みりん　1/4カップ

しょうゆ　大さじ3
油　少々
マントゥ（→P50）　適量

作り方

1. 豚肉は室温にもどして半分に切る。鍋に入れ、かぶるくらいの水を加えて中火にかける。煮立ったら約5分ゆでてざるに上げ、流水で洗い（a）、キッチンペーパーで水けをふく。

2. 鍋に油を中火で熱し、豚肉を入れて表面に焼き色をつけ（b）、余分な脂が出てきたらふきとる。

3. かぶるくらいの水（約2カップ）、長ねぎ、しょうがを加え、アクをとりながらひと煮立ちさせ、ふたをして弱火で約1時間煮る。冷めたら冷蔵庫でひと晩おき、浮いた脂を取り除く（c）。

4. 長ねぎとしょうがを取り除き、Aを加えて中火にかけ、煮立ったらふたをして10分ほど煮る。しょうゆを加え、ふたをして弱めの中火で約40分煮てそのまま冷ます。

5. 食べる直前に温めて器に盛り、マントゥを添える。

a

b

c

Memo

豚の角煮は日本でも定番料理ですが、台湾では八角をきかせて煮込みます。台湾の食堂などには、角煮をご飯にのせる「焢肉飯（コンローハン）」もありますが、中華風蒸しパンのマントゥにはさんでみてください（→P50）。豚バラ肉はゆでたあと、ひと晩おくと余分な脂が出て、とてもすっきりした味に。

豚肉と干ししいたけの酸菜煮
スァン ツァイ

ザワークラウトの酸味に豚肉やしいたけの旨みが
加わって、ご飯をおかわりしたくなるおかずです。

Memo

酸菜は白菜を発酵させた漬け物で、台湾の鍋料理
「酸菜白肉鍋」に使われています。豚肉やしいたけ
もおいしいこの鍋料理のアレンジで、軽い煮込みに
しました。ここではザワークラウトを使いましたが、
酸菜と同じようにおいしく仕上がります。

材料(2〜3人分)

豚バラ薄切り肉　200g

干ししいたけ　4枚

長ねぎ　1/2本

しょうが(せん切り)　1かけ分

ザワークラウト　200g

紹興酒(または酒+みりん)　1/4カップ

しょうゆ　大さじ1

塩　小さじ1/3

ごま油　小さじ1

糸唐辛子(あれば)　適量

作り方

1. 干ししいたけは水1と1/2カップにひと晩浸してもどし、3〜4等分のそぎ切りにする。もどし汁はとっておく。

2. 豚肉は5cm幅に切る。長ねぎは6cm長さに切る。

3. 鍋にごま油を中火で熱し、しょうがを入れ、香りが立ったら2を加え、豚肉の色が変わるまで炒める。

4. 1ともどし汁、ザワークラウト、紹興酒を加え、アクをとりながらひと煮立ちさせる。ふたをして弱めの中火で約5分煮て、しょうゆと塩を加え、さらに約5分煮る。

5. 器に盛り、あれば糸唐辛子を散らす。

魯肉飯
ルー　ロー　ハン

エキゾチックな香りが食欲をそそる台湾名物です。
スパイスや紹興酒、黒酢で煮込んだ豚肉は
味がしっかりしみていて、白いご飯にぴったり。
しんなりと煮た豆苗とゆで卵も名脇役です!

Memo

魯肉飯は、八角や五香粉など特有の風味があるスパイスをきかせて煮込んだ豚肉を、ご飯にのせて食べる台湾料理です。日本でもすっかり有名になりました。作り方2で、豚肉と玉ねぎをしっかり炒めるのがポイントです。

材料(2人分)

豚バラかたまり肉　250g
玉ねぎ(粗みじん切り)　1/2個分
にんにく(みじん切り)　1片分
しょうが(みじん切り)　1かけ分

A
- 八角　1個
- 紹興酒(または酒+みりん)　1/2カップ
- 黒酢　大さじ1/2

B
- ゆで卵(殻をむく)　1個
- しょうゆ　大さじ2
- 塩　小さじ1/4

C
- フライドオニオン(市販)　大さじ3
- 五香粉　小さじ1/3
- 豆苗(根元を切り落とす)　40g

ごま油　小さじ1
温かいご飯　茶碗2杯分

作り方

1. 豚肉は半分に切る。鍋に入れ、かぶるくらいの水を加えて中火にかける。煮立ったら約5分ゆでてざるに上げ、あら熱がとれたら2cm角に切る。

2. 鍋にごま油、にんにく、しょうがを入れて中火で熱し、香りが立ったら1を加え、焼き色がつくまで炒め、玉ねぎを加えてしっかりと焼き色がつくまで炒める。

3. Aを加え、アクをとりながらひと煮立ちさせる。ふたをしてときどき混ぜながら弱火で20〜25分煮る。

4. Bを加えてさらに約15分煮て、Cを加え、豆苗がしんなりするまで煮る。

5. 器にご飯を盛り、4をかける(ゆで卵は半分に切る)。

牛肉とうずらの卵の
チャンジョリム

韓国風の牛肉のつくだ煮です。
作りたてももちろんおいしいけれど、
冷蔵で常備して、そのままご飯にのせても!
味がしみてしんなりしたししとうも絶品です。

食材note

うずらの卵
鶏卵に比べて小さいながら
栄養は豊富で、ゆでたもの
も市販されていて便利に使
える。チャンジョリムにもよ
く使われる。

材料(2〜3人分)

牛ももかたまり肉　200g
うずらの卵(ゆでて殻をむいたものまたは市販の水煮)
　10個
ししとう　10本
A
　┌ 長ねぎ(青い部分)　1本分
　│ にんにく(たたいてつぶす)　1片分
　│ しょうが(皮つきの薄切り)　1かけ分
　│ 赤唐辛子(種をとる)　1/2本
　│ 酒・みりん　各1/4カップ
　└ 水　1カップ
しょうゆ　大さじ2
塩　小さじ1/4

作り方

1. 牛肉は鍋に入れ、かぶるくらいの水を加え、中火にかける。煮立ったら約5分ゆでてざるに上げ、流水で洗い、キッチンペーパーで水けをふく。

2. 鍋にAを入れてひと煮立ちさせ、1を加える。アクをとりながら再びひと煮立ちさせ(a)、しょうゆを加え、ふたをして弱火で約50分煮る。

3. ししとうとうずらの卵を加え(b)、さらに約10分煮て塩を加える。

4. 牛肉を取り出し、包丁で薄く切ってほぐし(c)、ししとうとうずらの卵とともに器に盛る。

a

b

c

Memo

韓国語で「チャン」はしょうゆ、「ジョリム」は煮物の意味で、「チャンジョリム」は牛肉や豚肉などのしょうゆ煮です。よく使われるのは牛肉で、韓国の家庭の作りおきおかずの定番。冷蔵保存して、そのままつまみにしたり、ご飯のおかずにしたり、日本のつくだ煮のように親しまれている常備菜です。

牛カルビチム

下ゆでしてから香味野菜や調味料にしっかり漬けた
牛肉は、ほろっとしていて臭みもなし!
肉の旨みがしみ込んだ、じゃがいもやにんじん、栗も
おいしくて、ご飯がすすむがっつりしたおかずです。

食材note

むき栗
カルビチムに欠かせない具材のひとつ。本場では生栗から作るレシピも多いが、ここでは手軽に使えるむき甘栗を使用。

材料(2〜3人分)

牛すねかたまり肉　700g
じゃがいも　2個
にんじん　1/2本
むき栗(またはむき甘栗)　8個
A
　おろしにんにく　1片分
　おろししょうが　1かけ分
　りんごのすりおろし　1/2個分(150g)
　玉ねぎのすりおろし　1/2個分(100g)
　砂糖　大さじ1
　酒・みりん・しょうゆ　各1/4カップ
塩　小さじ1/4
温かいご飯　適量

作り方

1. 牛肉は鍋に入れ、かぶるくらいの水を加えて中火にかける。煮立ったら約5分ゆでて(a)ざるに上げ、流水で洗い、キッチンペーパーで水けをふく。

2. 鍋に**A**を合わせ、牛肉を加えてなじませ、20分以上おく(b)。

3. 2に水1と1/2カップを加えて中火にかける。アクをとりながらひと煮立ちさせ(c)、ふたをして弱火で約1時間煮る。

4. じゃがいもは4等分のくし形切りに、にんじんは乱切りにする。栗とともに3に加え、ふたをして約15分煮て塩を加える。

5. 器に盛り、ご飯を添える。

Memo　韓国語で「チム」は蒸すという意味で、「カルビチム」は骨つきのカルビ肉を、じゃがいもやにんじんなどの野菜と一緒に甘辛味に煮込んだ料理です。豚肉を使うこともあり、その場合は「テジカルビチム」と呼ばれます。ここでは、骨つきのカルビ肉より入手しやすい牛すね肉で代用しました。

タッカンマリ

鶏肉の骨から出るだしは旨みたっぷりで、
下ゆでのおかげですっきりした味わい。
鶏だしのしみた韓国のおもち・トックも絶品！
唐辛子のきいたたれで味がきゅっとしまります。

Memo

韓国語で「タッカンマリ」は鶏一羽という意味で、本来は鶏肉を丸ごと煮込む料理です。韓国にはタッカンマリ専門店が軒を連ねる通りがあるほど人気。ここでは家庭で作りやすいように、鶏ぶつ切り肉と手羽先のレシピでご紹介します。

材料（2〜3人分）

鶏ぶつ切り肉　500g
鶏手羽先　4本
じゃがいも　2個
長ねぎ　1/2本

A ┌ 長ねぎ（青い部分）　1本分
　│ にんにく（たたいてつぶす）
　│ 　　1片分
　│ しょうが（皮つきの薄切り）
　│ 　　1かけ分
　│ 酒　1/2カップ
　└ 水　3と1/2カップ

トック　8個
塩　小さじ1/3

B ┌ 粗びき赤唐辛子　小さじ1
　│ 砂糖　小さじ1
　│ しょうゆ　小さじ1
　│ 黒酢　小さじ1
　└ ごま油　小さじ1

作り方

1. 鶏ぶつ切り肉と鶏手羽先は鍋に入れ、かぶるくらいの水を加えて中火にかける。煮立ったら約5分ゆでてざるに上げ、流水で洗い、キッチンペーパーで水けをふく。

2. じゃがいもは2cm厚さのいちょう切りにする。長ねぎは5cm長さに切り、縦半分に切る。

3. 鍋に1とAを入れて中火にかける。アクをとりながらひと煮立ちさせ、ふたをして、ときどき表面に出てきた脂を丁寧に取り除きながら約15分煮る。

4. 2、トック、塩を加え、さらに約15分煮る。

5. Bを合わせ、好みで4にかけながら食べる。

チムタク春雨

身近な食材で、手軽に韓国の味を楽しめる煮込み。
もちもち食感の韓国春雨にもしっかりと甘辛味が
しみていて、ご飯のおかずにぴったりです。
煮汁ごと、ご飯にどさっとかけていただきます！

Memo

韓国語で「チム」は蒸す、「タク」は鶏の意味で、鶏肉を甘辛く煮込む家庭料理です。さつまいものでんぷんで作られる、ちょっと太めでもちっとした弾力のある「タンミョン」と呼ばれる韓国春雨を使うのも特徴的な一品です。

材料（2〜3人分）

鶏胸肉（皮なし） 1枚（200g）

鶏もも肉（皮なし） 1枚（200g）

じゃがいも 1個（150g）

にんじん 1/3本

玉ねぎ 1/2個

韓国春雨（タンミョン） 50g

A
- おろしにんにく 1片分
- おろししょうが 1かけ分
- りんごのすりおろし 1/2個分
- 酒・みりん 各大さじ1
- 水 1カップ

しょうゆ 大さじ2

塩 小さじ1/3

ごま油 小さじ2

細ねぎ（小口切り） 3本分

作り方

1. じゃがいもは2cm厚さのいちょう切り、にんじんは1.5cm厚さのいちょう切りにし、じゃがいもは水にさっとさらして水けをきる。玉ねぎは縦に薄切りにする。

2. 鶏肉はそれぞれ5cm大に切る。

3. 春雨は沸騰した湯で10分ゆで、ざるに上げる。

4. フライパンにごま油を中火で熱し、2を入れて表面に軽く焼き色をつけ、1を加えてさっと炒める。

5. Aを加え、アクをとりながらひと煮立ちさせ、ふたをして弱火で約5分煮る。しょうゆ、3、塩を加えてさらに7〜8分煮る。

6. 器に盛り、細ねぎを散らす。

鶏肉の
レモンナンプラー煮

骨つき鶏肉のだしにナンプラーの旨みが加わって
シンプルなのに深みのある味わい。
レモンとコブミカンの葉のさわやかさも絶妙で
アジアンテイスト満点の一品です。

食材note

コブミカンの葉

コブミカンは東南アジアの
柑橘類で、さわやかな香り
と、2枚つながった葉が特
徴。タイでは「バイマックル
ー」と呼ばれる。

材料（2〜3人分）

鶏手羽元　8本

玉ねぎ　1個

コブミカンの葉　2枚

A
┌ にんにく（たたいてつぶす）　1片分
│ しょうが（皮つきの薄切り）　1かけ分
│ 酒　1/4カップ
└ 水　1と1/2カップ

ナンプラー　大さじ1

レモン汁　大さじ2

オリーブオイル　小さじ2

粗びき黒こしょう　適量

作り方

1. 鶏手羽元は鍋に入れ、かぶるくらいの水を加えて中火にかける。煮立ったらざるに上げ、流水で洗ってキッチンペーパーで水けをふく。

2. 玉ねぎは8等分のくし形切りにする。コブミカンの葉は葉脈をとる（**a**）。

3. 鍋にオリーブオイルを中火で熱し、**1**を入れて表面に焼き色をつける（**b**）。**2**と**A**を加え（**c**）、アクをとりながらひと煮立ちさせる。

4. ナンプラーを加え、ふたをしてときどき混ぜながら汁けが少なくなるまで約15分煮て、レモン汁を加える。

5. 器に盛り、黒こしょうをたっぷりとふり、搾ったレモンを添える。

a

b

c

Memo
タイでは「ガイトムナンプラー」と呼ばれる料理です。タイ語で「ガイ」は鶏、「トム」は煮るという意味で、タイの魚醤ナンプラーの風味をきかせて鶏肉を煮込みます。いろいろなレシピがありますが、今回はレモン汁とコブミカンの葉をきかせて、さわやかに煮込みました。

ボーコー

スパイシーでコクのあるベトナムのシチューです。
下味をつけてしっかり煮込んだ牛肉はやわらかく、
煮汁がしみたじゃがいももおいしい。
仕上げに搾るライムで、あと味はすっきりです。

食材note

豆板醤
そら豆や唐辛子で作られる
発酵調味料で、主に中国料
理に使われるが、ここでは、
ベトナムの辛味調味料「サ
テトム」の代わりに使用。

材料（2〜3人分）

牛肉（シチュー用）　300g
玉ねぎ　1個

A［　オイスターソース・酒　各大さじ1
　　カレー粉　小さじ2
　　塩　小さじ1/4 ］

じゃがいも　2個（300g）
にんじん　1本
トマト　1個（200g）
にんにく（みじん切り）　1片分
豆板醤　小さじ1/2

B［　酒　1/4カップ
　　水　2カップ ］

ニョクマム　小さじ2
塩　小さじ1/4
粗びき黒こしょう　少々
オリーブオイル　小さじ2
ライム（くし形切り）　1/2個分
フランスパン（→P50）　適量

作り方

1. 玉ねぎは半分を4等分のくし形切りにし、残りは粗み
   じん切りにする（**a**）。

2. 牛肉は3cm角に切り、表面の水けをキッチンペーパー
   でふき、**A**と**1**の玉ねぎのみじん切りをよくもみ込
   み（**b**）、30分以上漬ける。

3. じゃがいもとにんじんは乱切りにする。トマトは
   2cm角に切る。

4. 鍋にオリーブオイル、にんにく、豆板醤を入れて中火
   で熱し、香りが立ったら**2**を加えて焼き色をつける。

5. **B**を加え、アクをとりながらひと煮立ちさせ、トマト
   を加え、ふたをして弱めの中火で約50分煮る。

6. 残りの玉ねぎ、にんじん、じゃがいもを加え、やわら
   かくなるまで12分ほど煮る。ニョクマム、塩、黒こ
   しょうを加え、味を調える。

7. 器に盛り、ライムを搾り、「大根とディルのニョクマ
   ムあえ」とフランスパンを添える。

大根とディルのニョクマムあえ

材料と作り方（作りやすい分量）

1. 大根200gは皮をむき、3mm
   厚さの半月切りにし、塩小さじ
   1/3をふって軽くもみ、しんな
   りするまで10分おき、水けを
   絞る。

2. にんにく（たたいてつぶす）1片
   分、ライム果汁大さじ1、ニョ
   クマム小さじ2を加えてなじま
   せ、粗く刻んだディル3枝分を
   加えてさっと混ぜる。

a

b

....

Memo
★

ベトナム語で「ボー」は牛肉、「コー」は煮込むという意味があり、ボーコーは牛肉とじゃがいもなどの野菜を
一緒に煮込んだビーフシチューのような料理です。フランスパンと、ニョクマムとライムをきかせた、さわ
やかな副菜と一緒にいただきます。

肉骨茶
バ ク テー

材料をそろえれば、あとは煮るだけの手軽さが
うれしい骨つき豚肉の煮込み料理です。
簡単なのに、とても深みのある深わいで、
ご飯にもパンにも合う、アジアらしい一品です。

食材note

なつめとクコの実

なつめ(上)は、ヨーロッパ
南東部～東アジア原産、ク
コの実(下)は東アジア原産
とされる植物で、いずれも
実は漢方にも使われる。

材料（2〜3人分）

豚スペアリブ　4本（600g）

A
┌ クコの実　小さじ2
│ なつめ　3〜4個
│ シナモンスティック　1本
│ クローブ　2粒
│ 八角　1個
│ にんにく（たたいてつぶす）　1片分
│ しょうが（皮つきの薄切り）　1かけ分
│ 酒　1/2カップ
│ しょうゆ　大さじ2
└ 水　3と1/2カップ

塩　小さじ1/3
油条（→P50）　適量
温かいご飯　適量

作り方

1. 豚スペアリブは鍋に入れ、かぶるくらいの水を加え
て中火にかける。煮立ったら約5分ゆでてざるに上げ、
流水で洗い、キッチンペーパーで水けをふく。

2. 1の鍋を洗って豚肉を入れ、**A**を加えて中火にかけ（**a**)、
アクをとりながらひと煮立ちさせる。

3. ふたをして弱めの中火で約1時間煮て（**b**)、塩を加え
て味を調える。

4. 器に盛り（**c**)、油条とご飯を添える。

Memo

豚のスペアリブを生薬やスパイスと一緒にコトコト煮込む料理で、マレーシアなどの食堂や屋台で親しまれ
ています。油条（→P50）を食べやすく切ったものがテーブルに置かれている店もあり、その油条をスープに
浸したり、旨みの詰まったスープをご飯にかけたり、いろいろ楽しめます。

ニハリ

ラムの旨みにバターのコク、数種のスパイスが
合わさって、深い味わいのシチューです。
レモンとしょうがのさわやかな香りもきいていて、
ナンにつけて残さず食べたいおいしさです。

食材note

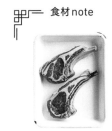

ラムチョップ

生後1年未満の仔羊（ラム）
の骨つきロース肉。成長
した羊の肉（マトン）に比べ、
身はやわらかく、臭みも少
なく食べやすい。

材料（2人分）

ラムチョップ　4本

薄力粉　大さじ2

玉ねぎ　1/2個

バター　20g

にんにく（みじん切り）　1片分

しょうが（みじん切り）　1かけ分

A ┌ 白ワイン　1/4カップ
　└ 水　1と1/2カップ

B ┌ クミンパウダー　小さじ1
　│ コリアンダーパウダー　小さじ1
　│ パプリカパウダー　小さじ1/2
　│ ターメリックパウダー　小さじ1/2
　└ シナモンパウダー　小さじ1/2

塩　小さじ2/3

オリーブオイル　大さじ1

レモン汁　大さじ1

しょうが（せん切り）　1かけ分

パプリカパウダー　少々

ナン（→P50）　適量

作り方

1. 玉ねぎは縦に薄切りにする。

2. ラム肉はキッチンペーパーで表面の水けをふき、塩小
さじ1/3をなじませ、薄力粉を全体にまぶす（a）。

3. 鍋にオリーブオイル、バター、にんにく、しょうがの
みじん切りを入れて中火で熱し、香りが立ったら2を
加え、返しながら表面に焼き色をつける。

4. 1を加えて玉ねぎが透き通るまで炒め、Aを加え、ア
クをとりながらひと煮立ちさせ、Bを加えてなじませ
る（b）。

5. ふたをして弱めの中火で約20分煮て、レモン汁と残
りの塩を加えてなじませる（c）。

6. 器に盛り、しょうがのせん切りをのせ、パプリカパウ
ダーをふり、ナンを添える。

a

b

c

Memo

ニハリは羊や山羊、鶏肉などを、スパイスをきかせてじっくり煮込むシチューで、主にインド北部やパキス
タンで、豚肉を食べないイスラム教徒に親しまれてきたそうです。現地のレストランのニハリはしっかり煮
込まれたこってり味で、しょうがやレモン使いが印象的でした。

肉団子と春雨の
しょうが煮

しっかりと下味をつけて揚げた肉団子は、
ふわっとジューシー。オイスターソースを
きかせた煮汁がしみた春雨もおいしいです。
さっと煮た空心菜が味と見た目のアクセントに。

食材note

緑豆春雨

春雨は緑豆やいも類などの
でんぷんから作られ、日本
や中国、韓国などでよく使
われる。緑豆春雨は煮物や
スープに向いている。

材料（2〜3人分）

鶏ひき肉　150g
豚ひき肉　150g
緑豆春雨　60g

A
- 長ねぎ（みじん切り）　1/2本分
- おろししょうが　1かけ分
- 片栗粉　大さじ1
- 紹興酒（または酒＋みりん）　大さじ1
- しょうゆ　大さじ1
- ごま油　小さじ1

B
- だし汁　2カップ
- おろししょうが　1かけ分
- 紹興酒（または酒＋みりん）　大さじ1
- しょうゆ　大さじ1
- オイスターソース　大さじ1

塩　小さじ1/3
空心菜　1束（100g）
揚げ油　適量
白いりごま　少々

作り方

1. ボウルにひき肉とAを入れ、ねばりが出るまでよく混ぜ（**a**）、4〜6等分にして丸める。

2. 鍋に揚げ油を入れて180℃に熱し、**1**を入れて表面がかたくなるまで揚げ（**b**）、油をきる（**c**）。

3. 春雨はぬるま湯に浸してもどす。

4. 鍋にBを入れて中火にかけ、煮立ったら**2**と**3**を加え、ひと煮立ちさせる。ふたをして弱めの中火で7〜8分煮て、塩を加える。

5. ざく切りにした空心菜を加えてさっと煮て、白ごまをふる。

Memo
ごろっと大きな肉団子が特徴的な中国の鍋料理「獅子頭鍋」をアレンジした煮込みです。肉団子は、しっかり下味をつけてから油で揚げて、オイスターソースをきかせて煮込み、コク旨味に仕上げました。空心菜は仕上げに加えてさっと煮て、食感を楽しんでください。

鶏肉とれんこんの
花椒煮
<small>ホワ ジャオ</small>

ご飯のおかずにもお酒のつまみにもなる、
ピリッと辛くしっかり味の煮込み料理です。

Memo

日本の家庭でも親しまれている、鶏肉とれんこんの
うま煮を中華風にアレンジしました。麻婆豆腐など
にも使われる花椒は、煮物や炒め物などに加えると、
たちまち中華風の味になるので、手軽に中華料理を
楽しみたいときに使える食材です。

材料（2〜3人分）

鶏手羽中　8本
れんこん　300g
長ねぎ　1/2本
にんにく（せん切り）　1片分
しょうが（せん切り）　1かけ分
A ┌ 紹興酒（または酒＋みりん）　1/4カップ
　└ 水　1と1/2カップ
花椒（粗く刻む）　大さじ1
B ┌ 赤唐辛子（種をとる）　1/2本
　│ しょうゆ　大さじ1
　└ 塩　小さじ1/3
ごま油　小さじ2

作り方

1. 鶏手羽中は鍋に入れ、かぶるくらいの水を加え、中火に
かける。煮立ったらざるに上げ、流水で洗い、キッチン
ペーパーで水けをふく。

2. れんこんは皮をこすり洗いし、1cm厚さの半月切りにし、
水にさっとさらして水けをきる。長ねぎは斜め薄切りに
する。

3. 鍋にごま油、にんにく、しょうがを入れて中火で熱し、香
りが立ったら1を加え、表面に焼き色をつける。

4. 2を加えてさっと炒め、Aを加え、アクをとりながらひと
煮立ちさせる。

5. 花椒とBを加え、落としぶたをして弱めの中火で汁けが
少なくなるまで約20分煮る。

牛肉と万願寺の
四川風煮込み

下味をもみ込んだ牛肉はご飯がすすむしっかり味。
くたくたに煮えた万願寺唐辛子も、とても美味。

Memo

牛肉と万願寺唐辛子を甘辛味に煮込む料理は、日本
の家庭でもよく作られる料理のひとつですが、ここ
では豆板醤をきかせたピリ辛の四川風煮込みにし
ました。同じく中華の調味料のオイスターソースを
加えてコクを出します。

材料（2～3人分）

牛切り落とし肉　200g

万願寺唐辛子　6本

長ねぎ　1/2本

しょうが（せん切り）　1かけ分

A ┌ 豆板醤・しょうゆ　各小さじ1
　│ 紹興酒（または酒＋みりん）　大さじ2
　└ オイスターソース　大さじ1

B ┌ 塩　小さじ1/4
　└ 水　1カップ

ごま油　小さじ2

作り方

1. 牛肉は、**A**を加えてよくもみ込む。

2. 万願寺唐辛子はヘタをとり、斜めに2～3等分に切る。長
   ねぎは斜め薄切りにする。

3. 鍋にごま油を中火で熱し、しょうがを入れて、香りが立
   ったら1を加えて軽く色が変わるまで炒める。

4. 2を加えて油がなじむまで炒め、**B**を加え、アクをとりな
   がらひと煮立ちさせる。

5. 落としぶたをして、弱めの中火で万願寺唐辛子がやわら
   かくなるまで約15分煮る。

アジアの煮込みに合うご飯

スパイスやナッツ、もち米を加えた、いつもとひと味違うご飯に合わせれば、
アジアの煮込みをよりおいしく楽しめます。

ターメリックライス

鮮やかな黄色でスパイスがふわっと香る

材料と作り方（作りやすい分量）

1. 米1.5合は洗ってざるに上げる。
2. 鍋に1、シナモンスティック1本、クローブ3粒、ターメリックパウダー小さじ1/3、白ワイン大さじ1、塩小さじ1/4、オリーブオイル大さじ1、水1と1/2カップを入れ、ふたをして強火にかける。
3. 煮立ったら弱火にして12分炊き、強火にして30秒で火を止め、15分蒸らす。
4. 器に盛り、粗びき黒こしょう少々をふる。

- -

＊合わせたい煮込み

少し甘みのあるライスなので、スパイシーな煮込みと相性がいい。「ダール」（→P61）や「グリーンカレー」（→P76）など。

カシューナッツライス

ナッツの食感と黒粒こしょうのピリッと感が絶妙

材料と作り方（作りやすい分量）

1. 米1.5合は洗ってざるに上げる。
2. 鍋に1、白ワイン大さじ1、水1と1/2カップ、塩小さじ1/4、黒粒こしょう大さじ1を加えて15分おき、カシューナッツ（ローストしたもの）20gを加え、ふたをして強火にかける。
3. 煮立ったら弱火にして12分炊き、強火にして30秒で火を止め、15分蒸らす。

- -

＊合わせたい煮込み

唐辛子の辛みのあるものやシナモンの風味のあるものに合う。「えごまの葉の煮つけ」（→P63）や「ポークビンダルー」（→P68）など。

ジャスミンライス

甘みのあるふくよかな香りが食欲をそそる

材料と作り方（作りやすい分量）

1. ジャスミン米1合は洗ってざるに上げる。
2. 沸騰した湯に塩小さじ1/4を入れ、1を加えて10分ゆで、ざるに上げる。
3. 再び鍋に入れて中火にかけ、ヘラで混ぜながら表面の水分がとぶまで混ぜて火を止め、ふたをして15分蒸らす。
4. 器に盛り、砕いたピーナッツ少々を散らす。

- -

＊合わせたい煮込み

香りのいい煮込みがおすすめ。「鶏肉のレモンナンプラー煮」（→P20）や「白身魚と青唐辛子のレモンニョクマム煮」（→P48）など。

カオニャオ

ほんのり甘く、もっちりとした食感が印象的

材料と作り方（作りやすい分量）

1. 米1合は洗ってざるに上げる。もち米1合はさっと洗い、かぶるくらいの水に1時間浸す。
2. 1の水けをきって鍋に入れ、水2カップと塩小さじ1/3を加え、ふたをして強火にかける。
3. 煮立ったら弱火にして20分炊き、火を止めて15分蒸らす。

- -

＊合わせたい煮込み

もち米の食感にクリーミィな煮込みが合う。「魚のココナッツ煮込み」（→P46）や「えびとさつまいものココナッツカレー」（→P72）など。

Part 2
魚の煮込み
FISH

韓国ではさばの煮つけに白菜キムチを
使ったり、台湾ではおでん風の煮込み
に八角をきかせたり、タイでは魚をコ
コナッツミルクやナンプラーで煮込ん
だり……。それぞれの国ならではの味
つけで魚のおいしさを存分に楽しめる、
10品の煮込み料理です。

海鮮煮込み
ナッコプセ

辛さの中に甘みもある韓国の唐辛子と
コクのあるコチュジャンがきいたスープに、
魚介とホルモンの旨みが溶け出た絶品鍋です。
ご飯にかけると煮汁がしみておいしい!

食材note

牛ホルモン
牛の胃袋や腸などの内臓。
この料理では、えびやたこ
など海鮮のだしに、特有の
旨みやコクを加えてくれる。

材料(2~3人分)

えび(ブラックタイガーなど)　4尾
片栗粉　大さじ2
生たこ　150g
牛ホルモン　150g
キャベツ　1/8個(150g)
えのきたけ　1袋(100g)
にら　1/3束

A
　┌ コチュジャン　大さじ1
　│ 粗びき赤唐辛子　大さじ1
　│ おろしにんにく　1片分
　│ みりん　大さじ1
　│ しょうゆ　大さじ1
　│ みそ　大さじ1
　│ 酒　1/4カップ
　└ 水　1と1/2カップ
塩・薄力粉　各適量
温かいご飯　適量

作り方

1. キャベツは芯を切り落とし、食べやすい大きさに切る。えのきは根元を切り落とし、半分の長さに切る。にらは根元を切り落とし、4cm長さに切る。

2. えびは殻に切り目を入れ、背ワタをとる。片栗粉をふってもみ、流水で洗い流し、キッチンペーパーで水けをふく。

3. たこは塩をもみ込みながら表面のぬめりを落とし、流水で洗う(a)。キッチンペーパーで水けをふき、食べやすい大きさに切る。

4. 牛ホルモンは薄力粉をまぶしてもみ込み(b)、全体になじんだら流水で洗い、キッチンペーパーで水けをふく。

5. 鍋にA、キャベツ、えのきを入れて中火で熱し、アクをとりながらひと煮立ちさせる。

6. ホルモンを加えて再度煮立たせ、ふたをして弱火で7~8分煮る。えびとたこを加え(c)、約5分煮てにらを加え、さっと煮て、ご飯を添える。

a

b

c

Memo
韓国語で「ナッ(=ナクチ)」はたこ、「コプ(=コプチャン)」はホルモン、「セ(=セウ)」はえびのこと。ナッコプセは韓国の港町・釜山で有名な辛い煮込み料理です。本場でも煮汁のしみた具材をご飯にのせていただくことが多いです。

さばのキムチ蒸し煮

キムチの酸味や旨みとしょうがのおかげで
さばの臭みもなく、ご飯やお酒に合うおかずです。
ごまの香りがきいた、シャキシャキ食感の
豆もやしのナムルと相性ぴったりです。

食材note

白菜キムチ

キムチは、主に白菜やきゅうり、大根などを発酵させた韓国の代表的な漬け物。特有の旨みを活かして、料理にも使われる。

材料（2人分）

さば（半身） 1枚（150g）
塩 小さじ1/3
玉ねぎ 1/2個
白菜キムチ 60g
しょうが（せん切り） 1かけ分
A ［酒 80ml
　　みそ 小さじ2
粗びき赤唐辛子 少々

作り方

1. さばは半分に切って塩をふり、10分おいてキッチンペーパーで水けをふき（**a**）、2cm幅に切る。

2. 玉ねぎは縦に薄切りにする。キムチは刻む（**b**）。

3. フライパンに**1**を入れ、**2**としょうがをのせる。混ぜ合わせた**A**を回し入れる。

4. 中火にかけてひと煮立ちさせ、ふたをして弱めの中火で約8分蒸し煮にする。

5. 器に盛り、粗びき赤唐辛子をふる。「豆もやしと細ねぎのナムル」を添える。

豆もやしと細ねぎのナムル

材料と作り方（作りやすい分量）

1. 豆もやし1/2袋はひげ根をとる。細ねぎ2本は4cm幅の斜め切りにする。

2. 沸騰した湯に豆もやしを入れ、30秒ゆでてざるに上げ、キッチンペーパーで水けをとる。

3. ボウルに入れ、塩小さじ1/3、白いりごま小さじ1、ごま油小さじ2を加えてあえ、細ねぎを加えてさっと混ぜる。

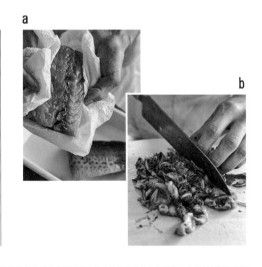

a

b

Memo

さばの煮つけは日本でもおなじみの魚のおかずですが、さばは韓国でもよく食べられていて、キムチと合わせたこの料理は、地元のおそうざい屋さんなどでもよく見かけます。副菜の豆もやしのナムルも、韓国の定番のおそうざいです。

太刀魚とわけぎの
コチュジャン煮

ふわっとやわらかくて淡泊な太刀魚と
コクのある甘辛味がよく合う魚の煮つけです。

Memo

韓国語で「カルチ」は太刀魚、「チョリム」は煮物で、「カルチチョリム」と呼ばれる料理。白身魚の太刀魚を、韓国の唐辛子みそ・コチュジャンをきかせてピリ辛味に煮つけます。韓国では煮込み料理にえごまの葉をのせたものをよく見かけます。

材料（2人分）

太刀魚の切り身　2切れ

わけぎ　5本

えごまの葉（細切り）　3枚分

A
- おろしにんにく　1片分
- おろししょうが　1かけ分
- 黒酢　大さじ1
- 紹興酒（または酒＋みりん）　1/4カップ
- 水　1/4カップ
- 塩　少々

コチュジャン　小さじ2

しょうゆ　小さじ2

ごま油　小さじ2

白すりごま　大さじ1

作り方

1. 太刀魚はキッチンペーパーで表面の水けをふく。わけぎは10cm長さに切る。

2. 鍋に**A**を入れて中火にかけ、ひと煮立ちさせる。1を加えて再度煮立たせ、ふたをして弱めの中火で約7分煮る。

3. コチュジャンとしょうゆを加えて混ぜ、さらに約5分煮て、えごまの葉をのせ、ごま油を回し入れ、白ごまをふる。

あさりの煮込み
カルグクス

煮干しだしとあさりのだしが合わさった
絶品スープは、身体にしみるおいしさです。

Memo

韓国語で「カル」は包丁、「グクス」は麺類のことで、「カルグクス」は手打ちうどん的な意味。具材は韓国かぼちゃを使うことが多く、ここではズッキーニで代用しました。今回は麺を別ゆでにしましたが、具材と一緒に煮込むレシピもあります。

材料（2人分）

うどん（乾麺）　160g

あさり（砂抜き済み）　200g

玉ねぎ　1/3個

ズッキーニ　1/3本

にんにく（たたいてつぶす）　1片分

A ┌ 煮干しだし※　2と1/2カップ
　└ 酒・みりん　各大さじ1

ナンプラー　大さじ1

白いりごま　小さじ1

作り方

1. あさりはよく洗う。玉ねぎは縦に薄切りにする。ズッキーニは5mm厚さの半月切りにする。

2. 鍋に1の野菜、にんにく、Aを入れて中火にかけ、煮立ったらあさりを加え、アクをとりながらひと煮立ちさせる。

3. ふたをして弱めの中火で2分ほど煮て、あさりの口が開いたらナンプラーを加える。

4. うどんは袋の表示通りにゆで、冷水にとって水けをよくきる。3に加えてひと煮立ちさせ、器に盛り、白ごまをふる。

※煮干しだしのとり方（1ℓ分）／煮干し7本は腹ワタとエラをとり、半分に割る。水1ℓにだし昆布5cm角1枚とともに入れ、冷蔵庫でひと晩つける。鍋に移して中火にかけ、ひと煮立ちさせて煮干しと昆布を取り出す（冷蔵庫で約2日間保存可）。

かにとブロッコリーの
とろみ煮

鶏のスープにかにのだしが加わった深い味。
煮汁がしみたブロッコリーがおいしくて、
たくさん食べられるのもうれしいですね。
日々の食事のレパートリーに加えたいひと皿です。

食材note

かにのほぐし身
ゆでたかにの身をほぐした
もの。冷凍パックや真空パッ
ク、缶詰などでも販売さ
れている。ここではずわい
がにを使用。

材料（2～3人分）

かにのほぐし身　80g

ブロッコリー　小1個

塩　少々

長ねぎ　1/2本

A ┌ 鶏のスープ＊　3/4カップ
　│ しょうが（せん切り）　1かけ分
　│ 酒・みりん　各大さじ1
　└ 塩　小さじ1/3

＜水溶き片栗粉＞

│ 片栗粉　小さじ2
│ 水　小さじ2

ごま油　小さじ1

作り方

1. ブロッコリーは小房に分け、大きいものは縦半分に切る。長ねぎは粗みじん切りにする。

2. 鍋にブロッコリー、水1カップ、塩を入れ、ふたをして中火にかけ（**a**）、煮立ったらざるに上げる。

3. 鍋に**A**を入れ、中火でひと煮立ちさせる。かにと長ねぎを加え（**b**）、アクをとりながらひと煮立ちさせ、ブロッコリーを加え（**c**）、ふたをして弱火で約2分煮る。

4. 火を止め、水溶き片栗粉を加えて混ぜる。中火にかけて煮立たせ、とろみをつけ、ごま油を回し入れる。

※鶏のスープのとり方（2カップ分）／鍋に水2
カップ、鶏手羽元または鶏ささみ2本、長ねぎ
（青い部分）1本分、しょうが（皮つきの薄切り）1
かけ分を入れて中火にかけ、アクをとりながら
ひと煮立ちさせ、ふたをして弱火で8分煮て肉
と野菜を取り出す（冷蔵庫で約2日間保存可）。

a

b

c

 Memo　中国料理のかにのあんかけ風の軽い煮込みです。ブロッコリー以外にも、チンゲン菜など葉野菜でもおいしいです。煮汁のベースになる鶏のスープは、鶏手羽元やささみを水から煮出して作るとやさしい味に仕上がります。市販の鶏ガラスープなどを使うときは、塩の分量を調整してください。

えびのチリソース煮

チリソースがしっかりからんだえびは、
もうひとつと、つい手がのびるおいしさです。
卵液をまとわせるのでまろやかな辛さで、
食べごたえも十分です。

Memo 　えびを辛いソースで炒め煮するえびチリは、日本でも大人気の中国料理。仕上げに溶き卵を加えるレシピもありますが、ここでは、えびを焼く前に卵液をもみ込みました。えびがかたくなりづらく、ソースもからみやすくなります。

材料（2〜3人分）

えび（ブラックタイガーなど）　10尾
片栗粉　大さじ2

A
- 溶き卵　2個分
- 酒　大さじ1
- しょうゆ　小さじ2

長ねぎ（みじん切り）　1/3本分
しょうが（みじん切り）　1かけ分

B
- 豆板醤　小さじ2/3
- ケチャップ　大さじ2

C
- 鶏のスープ（→P40）　1/2カップ
- 酒　大さじ1

酢　小さじ1
塩　小さじ1/3

＜水溶き片栗粉＞
- 片栗粉　小さじ2
- 水　大さじ1

ごま油　適量

作り方

1. えびは殻をむいて背ワタをとる。片栗粉をふってもみ、流水で洗い流してキッチンペーパーで水けをふき、**A**をよくもみ込む。

2. フライパンにごま油大さじ1を中火で熱し、**1**を1尾ずつ入れ、表面の卵に焼き色がつくまで焼き、一度取り出す。残った卵液はとっておく。

3. **2**のフライパンにごま油少々を中火で熱し、長ねぎとしょうがを入れてさっと炒め、**B**を加え、煮立たせて水分をとばす。

4. **C**を加えてひと煮立ちさせ、**2**のえびを戻し入れ、酢を加えて2分ほど煮る。塩と残りの卵液を加え、半熟状になるまでからめる。

5. 水溶き片栗粉を加え、とろみをつけてひと煮立ちさせ、ごま油大さじ1/2を回し入れる。

いかと枝豆の塩煮

すっきりとした味わいで食べやすく、
色合いもきれいな、シンプルな煮込みです。
やさしい味の鶏のスープごと、ご飯にかけて
食べるのもおすすめです。

Memo いかなどの海鮮を使った中国料理のシンプルな塩味の炒め物をヒントに、いかと彩りのきれいな枝豆を合わせた軽い煮込みにしました。枝豆以外にも、オクラなど火の通りやすい野菜を使ってもおいしいです。

材料（2人分）

いかの胴（紋甲いかなど） 150g

枝豆（ゆでたもの） 150g

長ねぎ 1/2本

A ┌ 鶏のスープ（→P40） 3/4カップ
　├ しょうが（せん切り） 1かけ分
　└ 紹興酒（または酒＋みりん） 大さじ1

塩 小さじ1/3

＜水溶き片栗粉＞
│ 片栗粉 小さじ2
│ 水 小さじ2

ごま油 小さじ1

作り方

1. いかは表面に格子の切り目を入れ、2cm角に切る。枝豆は実を取り出し、薄皮をむく。

2. 長ねぎは斜め薄切りにする。

3. 鍋にAと2を入れ、中火でひと煮立ちさせる。1を加え、再度ひと煮立ちさせ、ふたをして弱火で約3分煮る。

4. 塩を加えて混ぜ、火を止めて水溶き片栗粉を加えて混ぜる。再度中火にかけ、とろみをつけてひと煮立ちさせ、ごま油を回し入れる。

ルーウェイ

見た目は日本のおでん風でも、八角やシナモンが
香るスパイシーな煮汁が新鮮な味わいです。
好きな具材をいろいろ試して、バリエーションを
楽しむのもいいですね。

食材note

シナモンスティック
シナモンの樹皮を乾燥させ
たもので、パウダー状のもの
もある。甘みのある香りで、
料理や飲み物の香りづけ
に使われる。

材料（2〜3人分）

さつま揚げ（市販品）　数種合わせて300g
厚揚げ　1枚（200g）
うずらの卵（ゆでて殻をむいたものまたは市販の水煮）
　8個
ミニチンゲン菜　3〜4株
結び昆布（市販）　5個
A ┌ 八角　2個
　│ シナモンスティック　1本
　│ しょうが（皮つきの薄切り）　1かけ分
　│ 紹興酒（または酒＋みりん）　1/4カップ
　│ しょうゆ　大さじ2
　│ 塩　小さじ1/4
　└ 水　2カップ

作り方

1. 鍋に**A**を入れ、さっと水にくぐらせた昆布を加えて30分おく（**a**）。

2. さつま揚げは、細長いものは竹串に刺す（**b**）。他の具材も好みのものを用意し（**c**）、四角いさつま揚げや厚揚げは食べやすい大きさの三角形に切る。

3. **1**を中火にかけてひと煮立ちさせ、**2**とうずらの卵を加え、再度煮立たせ、ふたをして弱めの中火で約12分煮る。

4. チンゲン菜を加えてさっと煮る。

a

b

c

Memo

ルーウェイは漢字にすると、煮込みを意味する「滷味」と書き、日本のおでんを思い出す料理です。魚のすり
身で作るさつま揚げや野菜、卵、肉や麺など、いろいろな食材を八角やシナモンなどのスパイスをきかせた
だし汁で煮込んだもので、台湾の屋台グルメの代表的な料理です。

魚のココナッツ煮込み

ココナッツミルク特有の風味とさわやかなレモンで
アジアンテイスト満載の魚の煮込みです。
もっちりとしたもち米と、コブミカンの葉が
さわやかな副菜と一緒にいただきます。

食材note

香菜

タイやベトナム、中国など
で広く使われ、「パクチー」
や「コリアンダー」とも呼ば
れるハーブ。独特の風味で
アジア料理に欠かせない。

材料（2人分）

めかじきの切り身　2切れ（200g）

玉ねぎ　1/2個

パプリカ（黄）　1/2個

にんにく（せん切り）　1片分

しょうが（せん切り）　1かけ分

A ┌ 酒　大さじ2
　├ ナンプラー　小さじ2
　└ ココナッツミルク　1/2カップ

レモン汁　1/2個分

オリーブオイル　小さじ2

香菜（ざく切り）　5本分

カオニャオ（→P32）　適量

作り方

1. めかじきはキッチンペーパーで表面の水けをふく。

2. 玉ねぎとパプリカは縦に薄切りにする。

3. フライパンにオリーブオイル、にんにく、しょうがを入れて中火で熱し、香りが立ったら1を加えて表面に焼き色をつける（a）。

4. 2を加え、さっと炒めてAを加え（b）、ひと煮立ちさせる。ふたをして弱めの中火で約8分煮る。

5. レモン汁を加えてなじませ、器に盛り、香菜と搾ったレモンをのせ、カオニャオと「ミニトマトときゅうりのコブミカンマリネ」を添える。

ミニトマトときゅうりの
コブミカンマリネ

材料と作り方（作りやすい分量）

1. ミニトマト8個は横半分に切る。きゅうり1本は皮をむき、乱切りにする。コブミカンの葉1枚は細切りにする。

2. 1、ナンプラー小さじ2、レモン汁大さじ1をなじませ、オリーブオイル小さじ2をふる。

b
a

> *Memo*
>
> タイでは魚や鶏肉などを、特有の風味や甘みのあるココナッツミルクで煮込む料理が親しまれています。カオニャオはタイのもち米で、本場では、専用の蒸し器で蒸し、ふたつきのかごに入れて供されることも。副菜のマリネはコブミカンの葉を使いました。たちまちタイらしい味になるので、ぜひお試しください。

白身魚と青唐辛子の
レモンニョクマム煮

揚げ焼きした魚に、さわやかな辛さのある煮汁が
よくからんで、すっきりしながらコクもある
煮込みです。香りのいいジャスミンライスと
よく合います。

食材note

レモングラス

アジア料理によく使われ、
ほかにお茶やアロマオイル
などにも使われるさわやか
な香りのハーブ。乾燥させ
たものもある。

材料（2人分）

白身魚の切り身(いさきなど)　2切れ(200g)

塩　小さじ1/2

片栗粉　大さじ2

玉ねぎ　1/2個

赤ピーマン　2個

A
- 青唐辛子(小口切り)　1本分
- にんにく(薄切り)　1片分
- ニョクマム　小さじ2
- レモン汁　1/2個分
- 酒　1/4カップ
- 水　1/4カップ

レモングラス(15cm)　3～4本

レモン(半月切り)　4枚

オリーブオイル　大さじ3

ジャスミンライス(→P32)　適量

作り方

1. 白身魚はウロコをとって2～3等分に切る。塩をふって約10分おき、キッチンペーパーで水けをふき、片栗粉をまぶす(a)。

2. 玉ねぎとピーマンは縦に薄切りにする。

3. Aは合わせておく(b)。

4. フライパンにオリーブオイルを中火で熱し、1を入れて表面がカリッとするまで返しながら揚げ焼きする。

5. フライパンの油を軽くふきとり、2を加えてさっと炒め、レモングラスをひねって加える(c)。

6. 3を加えてひと煮立ちさせ、ふたをして約5分煮る。レモンを加え、さっと混ぜる。

7. 器に盛り、ジャスミンライスを添える。

a

b

c

Memo

★

ベトナムの魚醤で旨みのあるニョクマム、さわやかな辛さの青唐辛子、すっきりとした酸味のレモン、香り
よいレモングラスをきかせたベトナムらしい魚の煮込みです。ベトナムでは淡水魚がよく食べられています
が、ここでは白身魚のいさきを使いました。

アジアの煮込みに合うパンなど

煮込み料理とパンは相性抜群で、肉の煮込みをはさんだり、具材をのせたり、
おいしい煮汁に浸したり、楽しみ方もいろいろです。

マントゥ

ふんわりとしてほんのり甘い中華風蒸しパン

煮汁のしみた「台湾風豚の角煮」(→P10)をひと口大に切り、香菜と一緒にはさんで。好みでチリパウダーをふっても。

＊合わせたい煮込み

味のしっかりした肉の煮込みとよく合う。「三杯鶏」(→P8)や「牛肉とうずらの卵のチャンジョリム」(→P14)など。

油条

揚げパン風でさくっとした食感のシンプルな味

食べやすく切った油条を「肉骨茶」(→P24)のスープにしっかり浸して食べる。肉の旨みを吸った油条は絶品！

＊合わせたい煮込み

汁けの多い煮込みや旨みのあるスープと相性良好。「トマトと卵のスープ」(→P80)や「干しだらのスープ」(→P84)など。

フランスパン

ベトナムのフランスパンはしっとりやわらか

スパイス感とコクのあるベトナムのシチュー「ボーコー」(→P22)に、食べやすくちぎったフランスパンをつけて。

＊合わせたい煮込み

さらりとしたカレーや酸味のあるスープと合う。「えびとさつまいものココナッツカレー」(→P72)や「鶏とハーブのスープ」(→P73)など。

ナン

皮はパリッ、中の生地はもちっとした平たいパン

インドの肉の煮込み「ニハリ」(→P26)に、ちぎったナンをつけて食べる。やわらかく煮えた肉をナンにのせたりはさんでも。

＊合わせたい煮込み

スパイスをきかせたインドの煮込み全般に。「サンバル」(→P60)や「バターチキンカレー」(→P70)など。

Part 3
野菜・豆の煮込み
VEGETABLES & BEANS

日本でも親しまれている中国の四川風麻婆豆腐に、スパイスをきかせて豆や野菜を煮込むインドのサンバル、韓国の肉じゃが風カムジャタンなど……。野菜や豆、豆腐がメインの煮込み11品は、いつもの食卓にすぐに取り入れたい魅力的なラインナップです。

四川麻婆豆腐

ごま油で熱した、香ばしい花椒の香りが
食欲をそそります。
ピリ辛でコクのある煮汁がほどよくしみた豆腐を
汁ごとご飯にかけて食べてもおいしいです。

食材note

花椒 _{ホワ ジャオ}

四川料理をはじめ、中国料理で使われるスパイス。すっきりさわやかな香りとピリッとしびれるような辛さが特徴。

材料(2〜3人分)

木綿豆腐　1パック(300g)

豚ひき肉　150g

にんにく(みじん切り)　1片分

しょうが(みじん切り)　1かけ分

豆板醤　小さじ1/2

甜麺醤　大さじ1

紹興酒(または酒+みりん)　大さじ1

塩　少々

しょうゆ　小さじ1

長ねぎ(みじん切り)　1/3本分

ごま油　大さじ1

＜水溶き片栗粉＞
| 片栗粉　小さじ2
| 水　小さじ2

A［ 花椒(粗く刻む)　小さじ2
　 ごま油　大さじ1

作り方

1. 豆腐は倍の重さの重しをし、1時間おいて水きりをし、2cm角に切る。

2. フライパンにごま油、にんにく、しょうがを入れて中火で熱し、香りが立ったら豆板醤と甜麺醤を加え、全体をよく混ぜ、煮立たせる。

3. 香りが立ったらひき肉を加え、肉に火が通るまで炒め、紹興酒と塩を加えてひと煮立ちさせる。

4. 1と水1/4カップを加え(a)、アクをとりながらひと煮立ちさせ、ふたをして約3分煮る。

5. しょうゆと長ねぎを加えてさっと炒め、火を止めて水溶き片栗粉を加えて混ぜ、再度中火にして煮立たせ、とろみをつける。

6. 別のフライパンにAを入れ、香りが立つまで弱火で炒め、熱々を5に加えて混ぜる(b)。

7. 器に盛り、「セロリの四川漬け」を添える。

セロリの四川漬け

材料と作り方(作りやすい分量)

1. セロリ1本は筋をとり、斜め細切りにする。セロリの葉3〜4枚としょうが1かけはせん切りにする。

2. 鍋に赤唐辛子(種をとる)1/2本、紹興酒・黒酢各1/4カップ、しょうゆ大さじ1、塩小さじ1/4、ごま油小さじ2を入れて中火にかけ、ひと煮立ちさせて火を止め、1を漬ける。器に盛り、白いりごま少々をふる。

a

b

Memo

日本でもすっかりおなじみの麻婆豆腐は、もとは中国の四川料理。日本人に合ったレシピもたくさんありますが、今回は本来の麻辣味を楽しめるレシピでご紹介します。花椒はごま油で熱して香りを立たせて最後に加えるのがポイントです。すっきりとした辛さの「セロリの四川漬け」とよく合います。

なすの酸辣煮

揚げ焼きしてやわらかくなったなすに
豆板醤をきかせた煮汁がしっかりしみた一品です。
シャキシャキの白髪ねぎが、見た目と食感の
絶妙なアクセントです。

Memo 油と相性のいいなすを揚げ焼きして、香味野菜を加えた煮汁で軽く煮る料理は、日本の家庭でも親しまれています。豆板醤と黒酢をきかせて、手軽に四川料理の味を楽しめるレシピをご紹介します。なすのおいしさを十分に味わってください。

材料（2～3人分）

なす　4本

A
- にんにく（せん切り）　1片分
- しょうが（せん切り）　1かけ分
- 豆板醤　小さじ1/2
- だし汁　1と1/2カップ
- 黒酢・しょうゆ　各大さじ2
- 塩　小さじ1/4

油　大さじ3

長ねぎ（白い部分）　10cm

温かいご飯　適量

作り方

1. なすはガクとヘタをとり、縦半分にして斜めに隠し包丁を入れ、さらに縦半分に切る。水にさっとさらして水けをきる。

2. フライパンに油を入れ、1の皮目を下にして加え、中火にかける。油がなじんだら、返しながら全体が軽くしんなりするまで揚げ焼きし、一度取り出す。

3. フライパンに油が残っていたらふきとり、Aを加えてひと煮立ちさせる。なすを戻し入れて落としぶたをし、弱めの中火で約8分煮る。

4. 長ねぎは縦に切り目を入れ、芯を除いてせん切りにし、水にさっとさらして水けをきる。

5. 器にご飯を盛り、3と4をのせる。

チンゲン菜と
ひき肉の芝麻煮
チー マー

ごまの風味がきいた、まろやかで深い味わい。
汁け多めの煮物なので、中華麺を加えても。

Memo たっぷりのチンゲン菜にひき肉を合わせた、担々麺風の手軽な煮込みです。芝麻醤は練りごまに油類を加えてのばした中国料理の調味料で、担々麺や棒々鶏などに使われます。なければ練りごまを使ってもおいしくできます。

材料（2～3人分）

豚ひき肉　200g

チンゲン菜　2株

A
┌ 紹興酒（または酒＋みりん）　大さじ2
└ 水　3/4カップ

B
┌ 芝麻醤　大さじ3
│ しょうゆ　大さじ1
└ 塩　小さじ1/4

おろししょうが　1かけ分

ごま油　小さじ2

白いりごま　少々

作り方

1. チンゲン菜は縦に4等分に切る。

2. フライパンにごま油を中火で熱し、ひき肉を入れて色が変わるまで炒める。

3. Aを加え、アクをとりながらひと煮立ちさせ、Bを加えて混ぜる。

4. 1とおろししょうがを加え、ふたをして弱めの中火で約5分煮て、白ごまを加える。

うずらの卵と
揚げいんげんの豆豉煮
（トウ チ）

豆豉ににんにく、しょうがの風味をきかせた
まろやかな酸味とコクのある煮込みです。
しんなり揚げたいんげんは煮汁の味が
しっかりしみて、また食べたくなるおいしさです。

食材note

豆豉

中国料理や台湾料理で使
われる食材で、黒大豆を発
酵させて作られる。しっか
りした塩けと旨みがあり、
料理にコクと風味を加える。

材料（2～3人分）

うずらの卵（ゆでて殻をむいたものまたは市販の水煮）
　10～15個
いんげん　25本
にんにく（みじん切り）　1片分
しょうが（みじん切り）　1かけ分
豆豉（粗く刻む）　15g
A ┌ 紹興酒（または酒＋みりん）・黒酢　各1/4カップ
　│ しょうゆ　大さじ1
　└ 塩　小さじ1/4
米油　適量
ごま油　小さじ1

作り方

1. いんげんは端を切り落とす。

2. フライパンに1cm深さの米油を180℃に熱し、**1**を入れて全体がしんなりするまで揚げ（**a**）、油をきる。

3. フライパンの油を除き、ごま油、にんにく、しょうが、豆豉を入れて中火で熱し、香りが立ったら**2**とうずらの卵を加え、さっと混ぜる（**b**）。

4. **A**を加えてひと煮立ちさせ、ふたをして弱めの中火で約8分煮る（**c**）。

a

b

c

Memo

台湾の食堂などにある小菜（シャオツァイ）に、いんげんを豆豉で炒め煮するそうざいがあり、その料理をヒントにした一品です。ここではうずらの卵も一緒に煮てボリュームアップしました。豆豉は刻んでから炒めて、香りと旨みを引き出します。

豆腐とたけのこの 甘しょうゆ煮

八角の香りと紹興酒の風味が台湾らしい一品。
身近な食材で手軽に台湾料理を楽しめます。
ほんのり甘いしょうゆ味でご飯に合いますが、
さわやかなバジルのおかげで、お酒のつまみにも。

食材note

たけのこ

日本でも煮物などで親しまれているたけのこは台湾料理にもよく使われ、台湾には緑竹というアクの少ない種類がある。

材料（2〜3人分）

木綿豆腐　1パック（300g）
片栗粉　大さじ2
たけのこ（水煮）　200g
しょうが（せん切り）　1かけ分

A
┌ 八角　1個
│ だし汁　1/2カップ
│ 紹興酒（または酒＋みりん）　大さじ2
└ しょうゆ　大さじ1

バジル　10枚
塩　適量
ごま油　適量

作り方

1. 豆腐は倍の重さの重しをし、1時間おいて水きりをし、8等分に切る。塩小さじ1/3をふり、片栗粉をまぶす（**a**）。

2. たけのこは水洗いし、穂先は放射状に1cm厚さに切り、根元は縦半分にして1cm幅に切る。

3. フライパンにごま油大さじ1を中火で熱し、**1**を入れて軽く焼き色がつくまで焼き（**b**）、一度取り出す。

4. **3**のフライパンにごま油小さじ2を足し、しょうがを入れて中火で熱し、香りが立ったら**2**を加える。

5. たけのこに焼き色がついたら**A**を加え、ひと煮立ちさせる。

6. 豆腐を戻し入れ、とろみがつくまで煮る。塩少々で味を調え、手でちぎったバジルを加える（**c**）。

a

b

c

Memo

八角の香りが特徴的な台湾の家庭料理です。本場では厚揚げを使ったものが多いですが、ここでは片栗粉をまぶした木綿豆腐を使いました。シャキシャキとした食感のたけのこがよく合いますが、ピーマンなど、他の野菜を合わせるとバリエーションが広がりますね。

サンバル

インドに旅する気分を味わえる野菜の煮込みです。
豆と野菜の甘みがスパイスと溶け合った
さわやかな辛さが印象的で、暑い季節はもちろん、
一年中楽しみたいヘルシーなひと皿です。

Memo

サンバルは、豆とたっぷりの野菜をスパイスをきかせて煮込む、南インドで親しまれている料理。野菜はほかにも、じゃがいもやなす、ピーマン、パプリカなど、好みでアレンジできます。スパイスはどれも入手しやすいので、ぜひお試しください。

材料（2～3人分）

レンズ豆　80g
玉ねぎ　1個
トマト　1個（200g）
かぼちゃ　200g
オクラ　5本
にんにく（みじん切り）　1片分
しょうが（みじん切り）　1かけ分

A
酒　大さじ2
塩　小さじ1/2
水　1/2カップ

B
ターメリックパウダー　小さじ1
クミンパウダー　小さじ1
コリアンダーパウダー　小さじ1/2
カイエンヌペッパー　小さじ1/3～1/2

塩　適量
オリーブオイル　小さじ2
カイエンヌペッパー　少々

作り方

1. レンズ豆はさっと洗い、鍋に入れてかぶるくらいの水を加え、塩少々を加えて中火にかける。煮立ったら弱めの中火にし、15～20分ゆでてざるに上げる。

2. 玉ねぎは1cm四方に、トマトは1cm角に切る。かぼちゃは皮をこそげて4cm角に切る。オクラはガクをむき、塩適量で板ずりして水洗いし、2～3等分に切る。

3. フライパンにオリーブオイル、にんにく、しょうがを入れて中火で熱し、香りが立ったら玉ねぎを加えて透き通るまで炒める。

4. トマト、かぼちゃ、オクラ、1、Aを加えてひと煮立ちさせ、とろっとするまで弱めの中火でふたをして7～8分煮て、Bを加えてなじませる。

5. 器に盛り、カイエンヌペッパーをふる。

ダール

豆のおいしさを存分に味わえる煮込みです。
豆の旨みに加えて、玉ねぎの甘みとトマトの酸味、
炒めて香りを出したスパイスで深みのある味わいに。
ターメリックライスに混ぜながらいただきます。

Memo

サンバルと同様、豆を使った煮込み料理で、ベジタリアンが多く豆の種類も豊富なインドをはじめ、ネパールやパキスタンなど南アジアで親しまれている料理です。緑豆のムングダルを使うことが多いですが、レンズ豆などでもおいしくできます。

材料(2〜3人分)

ムングダル　80g

玉ねぎ(粗みじん切り)　1/2個分

トマト(粗みじん切り)

　　大1/2個分(150g)

にんにく(みじん切り)　1片分

しょうが(みじん切り)　1かけ分

A　┌ コリアンダーシード(つぶす)
　　　　小さじ1
　　├ シナモンスティック　1本
　　├ クミンシード　小さじ1
　　└ 赤唐辛子(種をとる)　1/2本

B　┌ 香菜(粗く刻む)　30g
　　└ ターメリックパウダー
　　　　小さじ1

塩　適量

粗びき黒こしょう　少々

バター(食塩不使用)　10g

オリーブオイル　大さじ1

香菜(ざく切り)　適量

ターメリックライス(→P32)
　　適量

作り方

1. ムングダルはさっと洗い、鍋に入れてかぶるくらいの水を加え、塩少々を加えて中火にかける。煮立ったら弱めの中火にし、15〜20分ゆでてざるに上げる。

2. フライパンにオリーブオイル大さじ1/2、にんにく、しょうがを入れて中火で熱し、香りが立ったら玉ねぎを加えて透き通るまで炒める。

3. トマト、1、水1/2カップを加えてひと煮立ちさせ、とろっとするまで弱めの中火でふたをして7〜8分煮て、塩小さじ1/2を加える。

4. 小さめのフライパンにバターと残りのオリーブオイルを弱火で熱し、バターが溶けたらAを加え、いい香りがするまで炒める。

5. 4を3に加えて混ぜ、Bを加えて混ぜ、黒こしょうをふる。

6. 器に盛り、香菜とターメリックライスを添える。

カムジャタン

スペアリブの骨から出るだしに、
甘辛のコチュジャンやみそのコクが加わって
こっくりとした味わいです。
煮汁がしみたほっくりのじゃがいもも絶品！

Memo 韓国語で「カムジャ」は、じゃがいもと豚の背骨の意味があるといわれ、カムジャタンは、じゃがいもと骨つきの豚肉を煮込む韓国料理です。韓国にはカムジャタン専門のお店もあり、庶民に親しまれている料理のひとつです。

材料（2〜3人分）

豚スペアリブ　4本（500〜600g）

じゃがいも　3個（450g）

長ねぎ　1/2本

A ┌ にんにく（たたいてつぶす）　1片分
　├ しょうが（皮つきの薄切り）　1かけ分
　├ 紹興酒（または酒＋みりん）　1/4カップ
　└ 水　2カップ

B ┌ コチュジャン　小さじ2
　└ みそ・しょうゆ　各大さじ1

ごま油　小さじ2

えごまの葉　2枚

白すりごま　小さじ1

作り方

1. 豚スペアリブは鍋に入れ、かぶるくらいの水を加えて中火にかける。煮立ったら約5分ゆでてざるに上げ、流水で洗い、キッチンペーパーで水けをふく。

2. じゃがいもは半分に切る。長ねぎは5cm長さに切る。

3. 鍋にごま油を中火で熱し、1を入れて表面に焼き色をつける。長ねぎとAを加え、アクをとりながらひと煮立ちさせ、ふたをして弱火で約30分煮る。

4. 合わせたBを加えてなじませ、じゃがいもを加えてさらに約30分煮る。

5. 器に盛り、手でちぎったえごまの葉を散らし、白ごまをふる。

えごまの葉の煮つけ

えごまの葉特有の濃厚な風味と、唐辛子のきいた
韓国の合わせ調味料が絶妙になじんで
新しい味わいです。温かいご飯を包むように
くるっと巻いていただきます！

Memo

えごまの葉はシソ科の植物で、韓国料理ではおなじ
みの食材です。焼き肉を巻いて生で食べることが多
いですが、煮つけにしてもおいしいです。韓国では
ご飯と合わせたり、グクスと呼ばれる麺料理に加え
たり、キムチのように親しまれています。

材料（作りやすい分量）

えごまの葉　20枚

A
- おろしにんにく　1片分
- おろししょうが　1かけ分
- りんごのすりおろし　1/2個分（100g）
- 粗びき赤唐辛子・酒・みりん　各大さじ2
- 白いりごま・しょうゆ・ごま油　各大さじ1
- ナンプラー　小さじ2

作り方

1. えごまの葉は、水洗いしてキッチンペーパーで水けを
   ふく。

2. フライパンに **A** を入れて中火にかけ、ひと煮立ちさせ
   て**1**を加え、ふたをして弱火で7〜8分煮る。

スンドゥブチゲ

豚肉、あさり、野菜にきのこにキムチなど、
旨みのある食材たっぷりの鍋料理です。
おいしいエキスをしっかり吸った豆腐も絶品。
ほどよい辛さも相まって、箸がすすむ一品です。

Memo

スンドゥブ（純豆腐）はおぼろ豆腐のようなやわら
かい豆腐のことで、スンドゥブチゲは、日本でも専
門店ができるほど親しまれている韓国の鍋料理で
す。豆腐以外の具材はお好みで、あさりや豚肉、キ
ムチも加えて旨みたっぷりに仕上げましょう。

材料（2〜3人分）

絹ごし豆腐　1パック（200g）
豚バラ薄切り肉　120g
あさり（砂抜き済み）　200g
玉ねぎ　1/2個
えのきたけ　1袋（80g）
白菜キムチ（熟成）　50g
豆苗　1/2袋（50g）
卵　1個

A ⎡ 煮干しだし（→P39）　2カップ
  ｜ 酒　1/4カップ
  ⎣ アミの塩辛　小さじ1

B ⎡ おろしにんにく
  ｜ 　1/2片分
  ｜ おろししょうが
  ｜ 　1/2かけ分
  ｜ 粗びき赤唐辛子　小さじ2
  ⎣ コチュジャン　小さじ1

ごま油　小さじ1
粗びき赤唐辛子　少々

作り方

1. 豚肉は食べやすい大きさに切る。あさり
   はよく洗う。Bは混ぜ合わせておく。

2. 玉ねぎは縦に薄切りにする。えのきは石
   づきを切り落とす。キムチはざく切りに
   する。豆苗は根元を切り落とし、食べや
   すい長さに切る。

3. 鍋にごま油を中火で熱し、豚肉を入れて
   焼き色がつくまで炒め、キムチを加えて
   しっかりと炒める。

4. 玉ねぎ、えのき、Aを加えてひと煮立ちさ
   せ、あさりとBを加え、ふたをして弱めの
   中火で約3分煮る。

5. 豆腐をスプーンですくって加え、卵を割
   り落とし、豆苗を加えてひと煮立ちさせ、
   粗びき赤唐辛子をふる。

豆もやしのクッパ

煮干しと野菜、さつま揚げの旨みを煮出した、
素朴でやさしい味わいのスープです。
仕上げに加える溶き卵が全体をまとめてくれます。
味のある雑穀ご飯と相性良好です。

Memo 韓国語で「クッ」はスープ、「パ」はご飯の意味で、クッパはご飯にスープをかけて食べる韓国料理です。日本の焼き肉店ではカルビクッパなども人気ですが、ここでは韓国でよく食べる豆もやしがメインのやさしい味わいをお楽しみください。

材料（2～3人分）

豆もやし　1袋（200g）

さつま揚げ　2枚

大根　100g

長ねぎ　1/2本

煮干し　6本

にんにく（たたいてつぶす）　1片分

A ┌ 酒　大さじ2
　└ 水　2と1/2カップ

塩　小さじ1/3

しょうゆ　小さじ2

溶き卵　2個分

温かい雑穀ご飯　適量

作り方

1. 豆もやしはひげ根をとる。

2. さつま揚げは1cm幅のそぎ切りにし、大根は短冊切りにする。長ねぎは斜め薄切りにする。

3. 煮干しは頭と腹ワタをとり、鍋に入れてカラッとするまでから炒りし、にんにくとAを加え、中火でひと煮立ちさせる。

4. 2を加えて煮立たせ、ふたをして弱めの中火で約5分煮る。煮干しを取り出し、1、塩、しょうゆを加えてひと煮立ちさせる。

5. 溶き卵を加えて火を通し、器に盛り、ご飯を添える。

アジアの煮込みに合うピクルス

煮込み料理の箸休めにおすすめのピクルスを紹介します。
インドのアチャールは、ベースを作っておくと手軽にアレンジできます。

紫玉ねぎのアチャール

さわやかなシャキシャキ食感がクセになる

材料と作り方（作りやすい分量）

1. アチャールベース（作りやすい分量）を作る。フライパンにオリーブオイル大さじ5、おろしにんにく1片分、マスタードシード大さじ2、クミンシード大さじ1を入れて弱火にかける。香りが立ったら火を止め、コリアンダーパウダー・塩各小さじ1、ターメリックパウダー小さじ1/2、カイエンヌペッパー小さじ1/4、レモン汁大さじ2を加えてなじませる。
2. 紫玉ねぎ1/2個は縦に薄切りにし、さっと水にさらして塩小さじ1/4をふり、しんなりするまでもみ、水けを絞る。1を大さじ1加えてあえる。

＊合わせたい煮込み

いろいろな煮込みに合う万能なピクルス。特に「ポークビンダルー」（→P68）や「プーパッポンカレー」（→P74）など。

カリフラワーのアチャール

スパイスがしみたカリフラワーが美味

材料と作り方（作りやすい分量）

1. 「紫玉ねぎのアチャール」の作り方1を参照し、アチャールベースを作る。
2. カリフラワー1/2個（150g）は小房に分け、塩少々を加えた熱湯で約3分半ゆでてざるに上げる。キッチンペーパーで水けをふき、1を大さじ2加えてあえる。

＊合わせたい煮込み

とろりとした煮込みやまろやかなカレーに合う。「ダール」（→P61）や「バターチキンカレー」（→P70）など。

うずらの卵のアチャール

ころっとした見た目もかわいく箸がのびる

材料と作り方（作りやすい分量）

1. 「紫玉ねぎのアチャール」の作り方1を参照し、アチャールベースを作る。
2. うずらの卵（ゆでて殻をむいたものまたは市販の水煮）10個はキッチンペーパーで水けをふき、1を大さじ2加えてあえる。

＊合わせたい煮込み

カレーはもちろん、さっぱりした煮込みやスープに合わせても。「かにとブロッコリーのとろみ煮」（→40）や「バターチキンカレー」（→P70）「トムヤムクン」（→P78）など。

パプリカのピクルス

彩りがきれいでテーブルが華やかになる

材料と作り方（作りやすい分量）

1. パプリカ（赤）・紫玉ねぎ各1/2個は縦に薄切りにし、紫玉ねぎは水に3分さらしてキッチンペーパーで水けをふく。香菜10gは粗みじん切りにする。
2. ボウルにナンプラー大さじ1、レモン汁大さじ2、レモン（いちょう切り）1～2枚を合わせ、1を加えて2時間ほどなじませる。

＊合わせたい煮込み

タイのカレーのほか、すっきりしたスープと相性がいい。「鶏とハーブのスープ」（→P73）や「マッサマンカレー」（→P77）など。

Part 4

カレーと
スープ
CURRY & SOUP

一度は作ってみたいインドのバターチキンカレーや、マイルドなタイのプーパッポンカレーなど、特色ある各国のカレーをご紹介。タイのトムヤムクンや台湾の酸辣湯、韓国の干しだらのスープなど、素材の旨みが詰まったスープと合わせて14品をご紹介します。

ポークビンダルー

ほどよい酸味としっかりとした辛さがあって、
暑さが吹き飛ぶカレーです。
やわらかく煮込んだ豚肉をほろっとほぐして
ご飯やアチャールと混ぜ合わせていただきます。

食材note

**カルダモン・クローブ・
カレーリーフ**

右上は清涼感のあるカルダ
モン。下は日本では「丁子」
とも呼ばれるクローブ。左
上はカレーノキの葉で香り
づけに使われる。

材料（2～3人分）

豚肉（カレー用） 250g

A
- にんにく（みじん切り） 1片分
- しょうが（みじん切り） 1かけ分
- 赤ワイン 80㎖
- 赤ワインビネガー 大さじ2

玉ねぎ 1個

B
- カルダモン（たたいてつぶす） 7粒
- クローブ 大さじ1
- シナモンスティック 1本

カレーリーフ（またはローリエ） 2枚

C
- 塩 小さじ1
- ターメリックパウダー 小さじ1/2
- チリパウダー 小さじ1/3

粗びき黒こしょう 少々

オリーブオイル 大さじ2

カシューナッツライス（→P32） 適量

紫玉ねぎのアチャール（→P66） 適量

チリパウダー 少々

作り方

1. 豚肉に**A**を加えてしっかりともみ込み、冷蔵庫で2日ほど漬ける（**a**）。

2. 玉ねぎは縦に薄切りにする。

3. フライパンにオリーブオイルと**B**を入れて弱火で熱し（**b**）、香りが立ったら**2**を加えて中火にし、玉ねぎが薄茶色になるまでしっかり炒める。

4. **1**の豚肉の汁けをきって**3**に加え、表面の色が変わるまで炒める。

5. **1**の漬け汁、水1カップ、カレーリーフを加え（**c**）、アクをとりながらひと煮立ちさせ、ふたをして弱めの中火で約20分煮る。

6. **C**を加えてひと煮立ちさせ、黒こしょうをふる。

7. 器に盛り、チリパウダーをふり、カシューナッツライスと「紫玉ねぎのアチャール」を添える。

a

b

c

Memo

ポークビンダルーは、インド西南部のゴア地域で食べられている料理で、ポルトガルから伝わったとされています。ワインやビネガーにしっかりと漬け込んだ豚肉はほろっとやわらかく、ピリッとした辛さの中に酸味もあるフレッシュな味わい。インドの漬け物のアチャールやカシューナッツライスとよく合います。

バターチキンカレー

スパイシーなのにマイルドで、コクもある深い味。
うずらの卵やカリフラワーのアチャール、サブジと
一緒にトレーなどにのせても楽しい!
身近な食材で作れるので、ぜひチャレンジしてください。

食材note

カシューナッツ

中南米原産のカシューの種
子の中身で、カリッとした
食感や濃厚な味わいが特
徴。料理に使われることも
多い。

材料(2〜3人分)

鶏もも肉　大1枚(300g)

A ┌ ヨーグルト　大さじ2
　├ カレー粉　大さじ1
　└ 塩　少々

カシューナッツ　20g
生クリーム　1/2カップ
玉ねぎ　1個
トマト　大2個(400g)
にんにく(みじん切り)　1片分
赤唐辛子(生)　1/2本
白ワイン　1/4カップ

B ┌ トマトピューレ　大さじ2
　└ ガラムマサラ　小さじ1/2

C ┌ バター(食塩不使用)　15g
　└ 塩　小さじ1

オリーブオイル　大さじ1
うずらの卵のアチャール(→P66)　適量
カリフラワーのアチャール(→P66)　適量

作り方

1. 鶏肉は皮と余分な脂肪を取り除き、4等分に切る。**A** を加えてもみ込む。

2. カシューナッツはすり鉢や乳鉢に入れてすりつぶし(**a**)、生クリームと合わせる。

3. 玉ねぎは8等分のくし形切りにする。トマトはざく切りにする。

4. フライパンにオリーブオイル、にんにく、赤唐辛子を入れて中火で熱し、香りが立ったら**1**を加え、焼き色がつくまで焼く。

5. 玉ねぎを加えて透き通るまで炒め、トマトと白ワインを加え、アクをとりながらひと煮立ちさせ、ふたをして弱火で約12分煮る。

6. **B**を加え(**b**)、混ぜながらさらに約5分煮る。**2**を加えてひと煮立ちさせ、**C**を加えてなじませる。

7. 器に盛り、「じゃがいものサブジ」「うずらの卵のアチャール」「カリフラワーのアチャール」を添える。

じゃがいものサブジ

材料と作り方(作りやすい分量)

1. じゃがいも2個は皮をむき、4〜6等分に切ってさっと水にさらし、鍋に入れる。にんにく(たたいてつぶす)1片分、白ワイン大さじ2、かぶるくらいの水を加えて中火にかける。

2. 煮立ったら弱めの中火にし、じゃがいもがやわらかくなるまで約8分煮て湯をきり、中火にかけて水分をとばす。

3. 塩小さじ1/3、クミンパウダー・コリアンダーパウダー・ターメリックパウダー各小さじ1/2、オリーブオイル大さじ2を加え、軽くつぶしながら混ぜる。

b

a

Memo

バターチキンカレーは、ヨーグルトやスパイスでマリネした鶏肉と、トマトやバターを合わせた日本でも人気のカレーです。ここではすりつぶしたカシューナッツもプラスしてコクを出しました。副菜のじゃがいものサブジは、スパイスをきかせた蒸し煮。インドのそうざいの定番です。

えびとさつまいもの
ココナッツカレー

さつまいもとココナッツミルクの甘みに
えびのだしが加わって、奥行きのある味わいです。

Memo

★

スパイスや唐辛子のきいたインドやタイのカレーに比べて、ベトナムのカレーはマイルドさが特徴。このカレーもココナッツミルクやさつまいもを使ったやさしい味わいです。ベトナムでは鶏肉で作ることも多いですが、今回はえびを使いました。

材料（2〜3人分）

えび（ブラックタイガーなど）　6尾
片栗粉　大さじ2
さつまいも　200g
玉ねぎ　1/2個
パプリカ（黄）　1/2個
にんにく（みじん切り）　1片分
しょうが（みじん切り）　1かけ分
A┌ 香菜の根（縦半分に切る）
　　　　2本分
　├ ココナッツミルク　1カップ
　├ 酒　大さじ2
　└ 水　1/4カップ
ゆで卵　2個

B┌ カレー粉　小さじ2
　└ ニョクマム　大さじ1
オリーブオイル　小さじ2
香菜（ざく切り）　約2株分

作り方

1. えびは殻に切り目を入れて背ワタをとり、片栗粉をふってもみ、流水で洗い流し、キッチンペーパーで水けをふく。

2. さつまいもは2cm厚さの半月切りにする。玉ねぎとパプリカは縦に薄切りにする。

3. 鍋にオリーブオイル、にんにく、しょうがを入れて中火で熱し、香りが立ったら玉ねぎを加え、玉ねぎが透き通るまで炒める。

4. さつまいも、パプリカ、Aを加え、アクをとりながらひと煮立ちさせる。ふたをして弱めの中火で約6分煮て、1、ゆで卵、Bを加え、3〜4分煮る。

5. 器に盛り、香菜をのせる。

鶏とハーブのスープ

ハーブとニョクマム、ライムが絶妙にきいていて
ベトナムの味を手軽に楽しめる一品です。
鶏肉を下ゆでしているので、臭みもなくすっきり。
麺を加えたりパンをつけたり、いろいろ楽しめます。

Memo

ベトナムの麺料理「フォーガー（鶏肉のフォー）」か
らヒントを得たスープです。骨つきの鶏肉を水から
煮込んで、ベトナムの魚醤・ニョクマムをなじませ
ました。フォーと同じように、たっぷりのハーブを
のせて、ライムを搾っていただきます。

材料（2〜3人分）

鶏ぶつ切り肉　400g
ディル　適量
ミント　適量
玉ねぎ　1/2個
┌ にんにく（たたいてつぶす）　1片分
│ しょうが（皮つきの薄切り）　1かけ分
A │ 青唐辛子（半分に切る）　1本分
│ 酒　1/2カップ
└ 水　2と1/2カップ
ニョクマム　大さじ1
ライム（くし形切り）　1/2個分

作り方

1. 鶏肉は鍋に入れ、かぶるくらいの水を加えて中火にかける。煮立ったら5分ゆでてざるに上げ、流水で洗い、キッチンペーパーで水けをふく。

2. 玉ねぎは8等分のくし形切りにする。

3. 鍋に1、2、Aを入れて中火にかける。アクをとりながらひと煮立ちさせ、ふたをして弱火で約15分煮る。

4. ニョクマムを加えてなじませ、器に盛り、食べやすくちぎったディルとミントをのせ、半分に切ったライムを搾って食べる。

プーパッポンカレー

スパイスがほんのり香るマイルドなカレーです。
かにの旨みに香味野菜とココナッツミルクの甘み、
卵のまろやかさが加わって、ご飯と相性抜群!
おかわりしたくなるおいしさです。

食材note

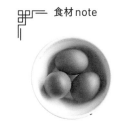

卵

マイルドで食べやすいプーパッポンカレーに欠かせない材料。混ぜながらなるべく細かくすることで、かにの身のように見える。

材料(2〜3人分)

かにのほぐし身　100g

玉ねぎ　1/2個

セロリ　1/2本

にんにく(みじん切り)　1片分

赤唐辛子(種をとる)　1/2本

セロリの葉　2〜3枚

A ┌ ココナッツミルク　1カップ
　└ 酒・水　各1/4カップ

B ┌ カレー粉　小さじ2
　│ はちみつ　小さじ1
　│ しょうゆ　大さじ1/2
　└ 塩　小さじ1/2

溶き卵　2個分

オリーブオイル　小さじ2

温かいご飯　適量

作り方

1. 玉ねぎとセロリはみじん切りにする(a)。

2. フライパンにオリーブオイルとにんにくを中火で熱し、香りが立ったら1を加え、透き通るまで炒める。

3. 赤唐辛子、セロリの葉、かに、Aを加え、アクをとりながらひと煮立ちさせる(b)。

4. 合わせたBを加えてなじませ、セロリの葉を取り除く。溶き卵を加え(c)、混ぜながら2〜3分煮る。

5. 器に盛り、ご飯を添える。

a

b

c

Memo

タイ語で「プー」はかに、「パッ」は炒める、「ポンカリー」はカレー粉のこと。プーパッポンカレーは、カレーといってもマイルドな辛さで、日本で人気のタイ料理です。タイのシーフードレストランなどでは、殻ごと調理されたかにが供される店もあります。

グリーンカレー

青唐辛子の辛みに野菜やココナッツミルクの甘みが
加わって、ほどよくピリッとするカレーです。
香りがよく、ご飯にもパンにも合う味わいで、
定番にしたくなる一品です。

Memo

さわやかな辛さのある青唐辛子を使ったペースト
で作るカレー。日本でも人気のタイ料理で、手軽な
ペーストも市販されていますが、手作りすれば風味
よく、より本場の味を楽しめます。トッピングにハー
ブをのせるのもおすすめ。

材料（2〜3人分）

鶏もも肉　1枚（250g）
塩　少々
玉ねぎ　1/2個
なす　1本（60g）
赤ピーマン　1個
ヤングコーン　6本

┌ 青唐辛子（粗く刻む）　1〜2本分
│ 香菜の根（粗く刻む）　2本分
│ コブミカンの葉（粗く刻む）
│ 　1枚分
A │ おろしにんにく　1片分
│ おろししょうが　1かけ分
│ ナンプラー　大さじ1と1/2
└ レモン汁　大さじ1

┌ ココナッツミルク
B │ 　1カップ
└ 酒・水　各1/4カップ

レモングラス（あれば／15cm）
　3本
オリーブオイル　小さじ2
バジル　適量

作り方

1. Aはすり鉢や乳鉢に入れてすりつぶす。

2. 鶏肉はキッチンペーパーで表面の水けをふき、
3cm大に切って塩をなじませる。

3. 玉ねぎは縦に薄切りにする。なすは1cm厚さの半
月切りにする。ピーマンは縦に7〜8mm幅に切る。

4. 鍋にオリーブオイルを中火で熱し、2を入れて色
が変わるまで焼く。3とヤングコーンを加え、玉
ねぎが透き通るまで炒める。

5. Bを加え、レモングラスをひねって加え、アクを
とりながらひと煮立ちさせ、ふたをして弱めの中
火で約5分煮る。1を加えてなじませ、さらに2〜
3分煮る。

6. 器に盛り、バジルを添える。

マッサマンカレー

見た目は日本のおうちカレーに似ていて、
スパイシーだけど食べやすいタイのカレーです。
煮くずれしたじゃがいももほっこりおいしい!
ラム肉以外に、鶏肉や牛肉でもOKです。

Memo

鶏肉や牛肉、羊肉と野菜を、シナモンなどのスパイスをきかせて煮込んだマイルドなカレーです。日本のカレーと作り方が似ているせいか、国内でも親しまれていますね。香菜がきいたさわやかなピクルスと一緒にいただきます。

材料（2〜3人分）

ラム肉（焼き肉用やジンギスカン用）
　　200g
塩　少々
薄力粉　大さじ1
玉ねぎ　1個
じゃがいも　2個(300g)

A［
にんにく（みじん切り）　1片分
しょうが（みじん切り）　1かけ分
赤唐辛子（種をとる）　1/2本
シナモンスティック　1本
クミンシード　小さじ1
］

レモングラス(15cm)　2本

B［
白ワイン　1/4カップ
水　1カップ
］

C［
カレー粉　小さじ1
ナツメグ　少々
ナンプラー　大さじ1
］

オリーブオイル　大さじ1
パプリカのピクルス（→P66）　適量

作り方

1. ラム肉はキッチンペーパーで表面の水けをふき、4cm大に切り、塩をふって薄力粉をまぶす。

2. 玉ねぎは8等分のくし形切りにする。じゃがいもは皮をむいて4等分に切る。

3. 鍋にオリーブオイルとAを入れて弱火にかける。香りが立ったら1を加え、表面に焼き色をつける。2を加え、レモングラスをひねって加え、玉ねぎが軽く透き通るまで炒める。

4. Bを加え、アクをとりながらひと煮立ちさせ、ふたをして弱火で約12分煮る。Cを加え、さらに5分ほど煮る。

5. 器に盛り、「パプリカのピクルス」を添える。

トムヤムクン

えびや香菜の根のだしにナンプラーの旨みもきいた
深い味わいがあとを引くスープです。
ハーブのさわやかな香りも加わって、
思う存分エスニック感を楽しめます。

食材note

えび

トムヤムクンの主役のえび
は、殻にも旨みが詰まって
いるので、殻ごと使うか、殻
をむいたら捨てずにだしを
とる。

材料（2〜3人分）

えび（ブラックタイガーなど）　6尾

片栗粉　大さじ2

玉ねぎ　1/2個

香菜の根　2本分

コブミカンの葉　2枚

A｜ 酒　大さじ2
　｜ 水　3カップ

レモングラス（15cm）　2本

B｜ 赤唐辛子（種をとる）　1本
　｜ おろしにんにく　1片分
　｜ おろししょうが　1かけ分

C｜ ナンプラー・レモン汁・牛乳　各大さじ2
　｜ はちみつ　小さじ1/2

ミニトマト　4個

レモン（輪切り）　適量

香菜（ざく切り）　適量

作り方

1. 玉ねぎは縦に薄切りにする。香菜の根は縦半分に切る（**a**）、コブミカンの葉は葉脈を取り除く。

2. えびは殻をむいて背ワタをとり（**b**）、片栗粉をふってもみ、流水で洗い流してキッチンペーパーで水けをふく。殻はとっておく。

3. 鍋にえびの殻を入れ、カリッと香ばしくなるまで炒り、香りが立ったらAを加え、中火でひと煮立ちさせ（**c**）、殻を取り除く。

4. レモングラスをひねって加え、香菜の根、コブミカンの葉、Bを加え、アクをとりながらひと煮立ちさせる。

5. 2と半分に切ったミニトマトを加え、ふたをして弱火で約5分煮てCを加える。

6. 器に盛り、レモンと香菜をのせる。

a

b

c

Memo

辛さと酸っぱさを楽しめる有名なタイのスープ。殻つきのえびを煮込む作り方もありますが、ここでは殻を香ばしく炒めてだしをとり、えびは具材として食べやすいレシピにしました。隠し味の牛乳は、えびの臭みをとり、マイルドに仕上げてくれます。

トマトと卵のスープ

豚肉の旨みにトマトの酸味、長ねぎの甘みが
絶妙に溶け合った、奥行きのある味わいです。
身近な食材で作れる手軽さもうれしくて
毎日食べたいスープです。

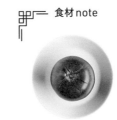

食材note

トマト

リコピンなどの栄養成分や、
旨味成分のグルタミン酸が
豊富で、加熱すると旨みが
増すので、スープや煮込み
に使いたい食材。

材料（2人分）

豚ロース薄切り肉　120g

塩　少々

片栗粉　大さじ1

トマト　1個（200g）

長ねぎ　1/2本

A
- しょうが（せん切り）　1かけ分
- 酒　大さじ1
- 黒酢　大さじ1
- 水　1と3/4カップ

B
- 塩　小さじ2/3
- しょうゆ　大さじ1

卵　2個

ごま油　少々

こしょう　少々

作り方

1. 豚肉は細切りにし、塩をふってなじませ、片栗粉をまぶす。

2. トマトは8等分のくし形切りにし、長ねぎは斜め薄切りにする（a）。

3. 鍋にAを入れて中火にかける。煮立ったら2を加え、ひと煮立ちさせる。

4. 1をほぐしながら加え（b）、火が通るまでアクをとりながら5分ほど煮る。

5. Bを加えて味を調え、卵を割り入れる（c）。ふたをして2〜3分煮てごま油を加える。

6. 器に盛り、こしょうをふる。

Memo

台湾の食堂などには、サイドディッシュ風に楽しめるスープ（台湾では「湯（タン）」と呼ぶ）がいろいろあって、このスープもそのひとつです。本来は、仕上げに溶き卵を流し入れますが、ここではボイルドエッグ風にしました。

酸辣湯
サン ラー タン

ほどよい酸味と辛みで、食欲をそそるスープです。
1杯で野菜をたくさん食べられるのも魅力。
香菜をトッピングすると、エスニック感がぐんと
上がって、さわやかさも加わります。

Memo

酸辣湯は日本でもおなじみの酸っぱくて辛い具だ
くさんの中華風スープで、台湾でもよく食べられて
います。以前、台湾旅行で食べた、こしょうたっぷ
りの酸辣湯がおいしくて、それ以来こしょうを多め
にふるようになりました。

材料（2〜3人分）

豚バラ薄切り肉　150g
塩　少々
片栗粉　大さじ1と1/2
長ねぎ　1/2本
たけのこ（水煮）　150g
にんじん　1/2本
えのきたけ　1/2袋（50g）
にんにく（たたいてつぶす）　1片分
豆板醤　小さじ1/2

A ┌ 黒酢・紹興酒（または酒＋みりん）
  │　　各大さじ2
  └ 水　2カップ

B ┌ しょうゆ　小さじ2
  └ 塩　小さじ1/4

溶き卵　1個分
ごま油　小さじ1
こしょう　適量
香菜（ざく切り）
　　適量

作り方

1. 豚肉は3cm幅に切り、塩をふって片栗粉をしっかりとまぶす。

2. 長ねぎは斜め薄切りにする。たけのことにんじんは細切りにする。えのきは石づきを切り落とし、長さを3等分に切る。

3. 鍋にごま油、にんにく、豆板醤を入れて中火で熱し、香りが立ったら**1**を加え、肉の色が変わるまで炒め、**2**を加えて炒める。

4. 全体がしんなりしたら**A**を加え、アクをとりながらひと煮立ちさせる。ふたをして弱火で約6分煮て、**B**を加えて味を調える。

5. 溶き卵を少しずつ加え、ふたをして卵が固まるまで2〜3分煮る。

6. 器に盛り、こしょうを多めにふり、香菜をのせる。

高菜と豚肉のスープ

シンプルだけど、高菜漬けの塩けがきいた
しっかり味のスープです。作りたてはもちろん、
スープになじんでちょっとくたっとした
高菜漬けもおいしいです。

Memo 　台湾旅行の際によく行くごはん屋さんで、いつも食べているスープで、大きな器で供されて、皆で取り分けて食べる一品料理です。日本でも炒め物などに使われる高菜漬けの旨みが詰まった深い味わいをお楽しみください。

材料（2〜3人分）

豚ロース薄切り肉　120g

塩　少々

片栗粉　小さじ2

高菜漬け　70g

玉ねぎ　1/2個

A ┌ 紹興酒（または酒＋みりん）　大さじ2
　└ 水　2カップ

しょうゆ　小さじ2

ごま油　小さじ2

粗びき赤唐辛子　少々

作り方

1. 豚肉は細切りにし、塩をふって片栗粉をまぶす。

2. 高菜漬けは長いものは1cm幅に切る。玉ねぎは縦に薄切りにする。

3. 鍋にごま油を中火で熱し、1を入れて肉の色が変わるまで炒める。2を加え、玉ねぎが透き通るまで炒める。

4. Aを加え、アクをとりながらひと煮立ちさせ、しょうゆを加える。

5. 器に盛り、好みで粗びき赤唐辛子をふる。

干しだらのスープ

たらや野菜のだしがじんわりとしみるスープです。
具だくさんで、スープひとつで満足できるのも
うれしい。キムチを加えて混ぜると、
ひと味違うおいしさも楽しめます。

 食材note

干しだら

スケトウダラやマダラを開
いて干したもの。そのまま
つまみにもなるが、もどして
料理にも使われる。

材料（2〜3人分）

干しだら　15g

長ねぎ　1/3本

大根　100g

豆もやし　1/3袋

木綿豆腐　1/3パック（100g）

だし昆布（5cm大）　1枚

A［ 酒　大さじ2
　　水　2カップ

塩　小さじ1/2

アミの塩辛　小さじ1/2

溶き卵　1個分

好みのキムチ（市販品）　適量

作り方

1. 干しだらはさっと洗い、かぶるくらいの水に10分浸して軽く絞り、食べやすい大きさに裂く（a）。

2. 長ねぎは斜め薄切りにする。大根は短冊切りにする。豆もやしはひげ根をとる。木綿豆腐は食べやすい大きさに切る。

3. 鍋に2〜3か所に切り目を入れた昆布とAを入れて20分おき（b）、中火にかける。煮立ったら昆布を取り除き、1、長ねぎ、大根を加え、ふたをして弱めの中火で約8分煮る。

4. 豆もやし、豆腐、塩、アミの塩辛を加え（c）、約5分煮て溶き卵を加え、ふたをして約2分煮る。

5. 器に盛り、好みのキムチを添える。

a

b

c

Memo 　韓国では「プゴクッ」と呼ばれ、朝食に食べることの多い定番のスープです。基本的に薄味なので、専門店ではアミの塩辛がテーブルに置いてあり、好みで追加することもできます。キムチをのせて食べてもおいしくて、ここではちょっとめずらしい梅のキムチを添えましたが、好みのキムチでお試しください。

牛肉とわかめのスープ

やさしい味の煮干しだしに牛肉の旨みが深みを
加えた絶品スープです。やわらかく煮えたわかめは
いくらでも食べられそうなまろやかなおいしさ。
ちょっと疲れたとき、元気になれる一品です。

Memo

韓国では出産後や誕生日に飲む習慣のあるわかめ
スープ。栄養のあるわかめだけで作るシンプルなも
のもありますが、牛肉と合わせたレシピをご紹介し
ます。市販の牛だしなどでもいいですが、煮干しだ
しならやさしい味わいになります。

材料（2〜3人分）

牛薄切り肉　100g
塩蔵わかめ　20g
長ねぎ　1/4本
にんにく（たたいてつぶす）　1片分
しょうゆ　小さじ1

A ┌ 煮干しだし（→P39）　2と1/2カップ
　├ アミの塩辛　小さじ1
　└ 酒・みりん　各大さじ1

ごま油　小さじ2
白いりごま　少々

作り方

1. わかめはさっと洗い、たっぷりの水に10分浸してもどす。長いものは食べやすい長さに切る。

2. 長ねぎは小口切りにする。

3. 鍋にごま油とにんにくを入れて中火で熱し、香りが立ったら1を加え、全体に油がまわるまで炒める。

4. 牛肉と長ねぎを加え、肉の色が変わるまで炒めてAを加え、アクをとりながらひと煮立ちさせる。ふたをして弱めの中火で約10分煮て、しょうゆを加える。

5. 器に盛り、白ごまをふる。

ユッケジャンスープ

牛肉と野菜の旨みたっぷりのスープです。
ほどよい辛さで食べやすく、味のしみた牛肉と
シャキシャキとした食感の豆もやしもおいしい！
ご飯を加えて雑炊風にするのもおすすめ。

Memo

ユッケジャンスープは、牛肉とたっぷりの野菜を煮込んだ辛みのあるスープです。日本では焼き肉屋さんのメニューでよく見かけますね。牛肉以外の具材はいろいろですが、わらびなど山菜を使うことも多いです。

材料（2〜3人分）

牛カルビ肉　120g

A
┌ おろしにんにく　1片分
│ おろししょうが　1かけ分
│ 紹興酒(または酒＋みりん)・しょうゆ
└ 　各大さじ1

豆もやし　1/2袋

生きくらげ　70g

にら　3〜4本

B
┌ 紹興酒(または酒＋みりん)　大さじ2
└ 煮干しだし(→P39)　2カップ

C
┌ コチュジャン　小さじ1と1/2
└ みそ　大さじ1

溶き卵　2個分

ごま油　小さじ2

作り方

1. 牛肉は1cm幅に切り、Aをもみ込む。

2. 豆もやしはひげ根をとる。きくらげは石づきを切り落とし、細切りにする。にらは2cm幅に切る。

3. 鍋にごま油を中火で熱し、1を汁ごと加え、肉の色が変わるまで炒める。Bを加え、煮立ったら豆もやしときくらげを加え、アクをとりながらひと煮立ちさせる。

4. Cを加えてなじませ、ふたをして弱めの中火で約7分煮て、にらを加えてさっと煮る。溶き卵を加え、ふたをして1〜2分煮る。

ワタナベマキ
Maki Watanabe

料理家。簡潔でわかりやすいレシピ、独創的な素材の組み合わせや味つけに定評がある。ナチュラルなライフスタイルにもファンが多く、ショップとコラボしたオリジナル雑貨や洋服のプロデュース、雑誌や書籍、広告、テレビなど多方面で活躍中。忙しい合間を縫ってアジア各国やハワイなどに出かける旅好きでもある。第2回「料理レシピ本大賞」入賞の『そうざいサラダ』のほか『アジアのごはん』『アジアのサラダ』『アジアの麺』などの著書や、共著の『韓国ドラマの妄想ごはんレシピ帖』（すべて小社刊）など多数ある。
インスタグラム　@maki_watanabe

STAFF

アートディレクション・デザイン　鳥沢智沙（sunshine bird graphic）
撮影　寺澤太郎
スタイリング　佐々木カナコ
調理アシスト　伊藤雅子　小西奈々子
校閲　滄流社
取材・構成　草柳麻子
編集　泊出紀子

撮影協力　UTUWA

アジアの煮込み

著　者	ワタナベマキ
編集人	泊出紀子
発行人	倉次辰男
発行所	株式会社主婦と生活社

〒104-8357　東京都中央区京橋3-5-7
TEL 03-3563-5129（編集部）
TEL 03-3563-5121（販売部）
TEL 03-3563-5125（生産部）
https://www.shufu.co.jp/

製版所　東京カラーフォト・プロセス株式会社
印刷所　大日本印刷株式会社
製本所　小泉製本株式会社

ISBN978-4-391-16069-7

煮込み中もいい香り！
お腹がグゥ～と
鳴っちゃいますよ